泥があるから、花は咲く

青山俊董

GENTOSHA

泥があるから、花は咲く　目次

第一章

視点を変えてみよう

第二章

人生を円相で考える

第三章

変えてゆくことができる

第四章

よき師を択び、道の友とゆく

第五章

ほんとうの幸せとは

装丁／石間　淳
装画／平岡　瞳
ＤＴＰ／美創
協力／ヴューー企画

第一章

視点を変えてみよう

近づいたり離れたり、距離を変えてみる

夏の昼さがり、小学生が十人あまり写生にやってきました。本堂の軒下に入り、上を見あげてワイワイいっています。「あなた方、何を描くの?」と質《たず》ねると、「本堂を描きたい」という。「本堂を描くのに軒下へ入ってしまったんでは、掃除のゆきとどかない蜘蛛《くも》の巣や、古い戸の節穴しか見えやしない。むこうの山道まで離れてごらん。ボロの本堂でも、しだれ柳や桜や銀杏《いちょう》などの木々に囲まれ、その背景には三千メートル級のアルプス連峰まで借景できて、美しい一幅の絵になるよ」と語りかけながら、ふと〝人生も同じだな〟と気づきました。

親子、夫婦、嫁姑《よめしゅうとめ》、近すぎて節穴ばかり、欠点ばかりが見え、互いにその欠点を非難しあい、イライラの毎日を送りかねない。自分自身の人生となると、一

層近すぎて見えません。毎日を共に暮しつつも、お互いを、自分の人生を、なるべく遠くつきはなしてみるという努力を重ねる。全体の姿が見えてくれば、おのずから解決の糸口も見えてくるものです。

にくらしい人とは　離れてみることだ
いとしい人とは　近づいてみることだ
にくらしい人とは　近づいてみることだ
いとしい人とは　離れてみることだ
近づいたり　離れたり
人生って　おもしろいね

これは永平寺の講師をお勤めになられた小倉玄照《おぐらげんしょう》老師の詩です。近すぎて見えないものがあります。反対に近づいてみて初めて気づくこともあります。遠くて見えないことがある。遠く離れて初めて気づくこともある。いろいろと距離を変え、角度を変え、高さを変えて、人生を、ものごとを、見つめてゆこうじゃないかと呼びかけられます。

富士山に登った人が帰ってきてしみじみいいました。

「富士山は遠くから眺めるものです。この足で登ってごらんなさい。荒けずりの山肌とか、ゆく手をはばむ岩壁や深い谷にさえぎられて、美しい富士の姿などどこかへいってしまい、むやみに気になるのは登山者の捨てたゴミの山ばかり……」と。

たとえ自分の視界から富士山が消えてしまっても、富士山がなくなってしまったわけではないことを、荒々しい岩肌やゴミも包みこんで、変わらぬ美しい富士山のあることを忘れてはなりません。ふだん見あきている平凡な身近な景色でも、月明の下では、あるいは雪化粧をすると、自分の目をうたがうほどに美しいものへと変貌するように。

随分古い話になりますが、楽焼《らくやき》の当代（十五代）樂吉左衛門《らくきちざえもん》さんのインタビュー記事を読んで感動し、また、多くのことに気づかせていただきました。

当代吉左衛門さんは一九四九年生まれ。父である十四代は一度も家を継げとはいわず、本人も中学、高校を通して陶芸は避け、東京藝大も彫刻科を選びました。藝大を終えても「京都に帰るわけにはいかない」と、イタリアへ留学して二ヵ年。まったく異質の文化の中で自己を、東洋を、楽を発見するのです。

「光が強烈で陰と日なたが鮮明な世界だった。言葉も母音がはっきりと硬質。真鍮《しんちゅう》の球体のような言葉が、ものすごい質量と速度で機関銃の弾のように発射される」

樂さんが語るこの言葉に、私はハッと気づくことがありました。この樂さんの感性は、イタリア語の対極にあるといってもよい、はんなりとやわらかい京都弁であり、それはまさに楽焼の感触でもあったということに。

まったくの異質の文化である「欧州の光」に照らし出されて、楽の美、東洋の深さ、その中で育った「自分の中の日本的なもの」に気づき、楽の世界、茶碗の世界へと帰り、今、作陶に励んでおられます。

道元禅師《どうげんぜんじ》のお言葉に「這頭《しやとう》より那頭《なとう》を看了《かんりよう》し、那頭より這頭を看了す」というのがあります。禅門では、那頭、這頭、那辺《なへん》、這辺《しやへん》、那裏《なり》、這裏《しやり》などという言葉をよく使います。「這」は「こちら」、「那」は「あちら」、「頭」「辺」「裏」は場所を示す接尾語といってよいでしょう。

あちらからこちらを見、こちらからあちらを見るというように、角度を変えたり立場を変えたり、遠く離れて見たり、近づいて見たりして、今ここの一歩をあやまらないように、心して運べというのです。

近すぎて見えないものがある。
近づいたから見えるものもある

景色も人生も、角度や立場を変えて見てごらんなさい。
きっと、違う面に気づくことができます。

一生という視点から、今どうすべきかを考える

大型連休に入った日、たまたま拾ったタクシーの運転手が語りかけてきました。

「今家族五人、連休を利用して海外へ遊びにゆくというのを空港へ送ってきましたが、金持ちに生まれた子供はかわいそうですな。いつでも行きたいところへは連れていってもらえる。ほしいものは何でも買ってもらえる。金は一生ついてまわるもの、などという中で育ってしまうと、自分の欲望にブレーキをかけるということも知らずに育ってしまいますし、行けて当たり前、買ってもらって当たり前で、喜びをいただくアンテナも立ちません。

そこへゆくと私などは十二人兄弟でしたから、親は育てるのに苦労したと思いますよ。焼き芋一つも十二人で二つか三つしか買ってもらえないじゃないですか。

一つの焼き芋をみんなで分けあって一口ずつ食べたときのおいしさは忘れられません。一口の焼き芋を、こんなに喜びの中にいただけるのは、貧しい家で育ったお蔭《かげ》です。――後略――」

禅家の大説法を聞く思いで耳を傾けていた私は、思わずこんなおしゃべりをしました。

「『百人が百人の子供をまちがいなく不幸にする唯一の方法は、いつでもほしいものは買ってやる。行きたいところへは連れていってやることだ』とルソーが語っていますね。ああしたい、こうしたい、あれがほしい、これがほしいというわがままな私を野放しにせず、しっかりと手綱さばきのできるもう一人の私を育てることこそ大切なことであり、それが親の責任でもあるのですがね」と。

道元禅師のお言葉に「遠近の前途を守りて利他の方便をいとなむ」というのがあります。その人の、あるいはその子の遠い将来のことまでも考えた上で、今どうしてやるべきかを考える、というのです。

携帯電話がはやり出した頃のこと。親しくしているT師がこんなことを語ってくれました。

「『クラスの友達がみんな持っているから自分もほしい』と息子がいってきました。私は息子と三日間、とことんまで話しあいました。携帯がなぜ必要か。みんなが持っているからほしい、みんなが持っているから買ってやる、そんなもんじゃない、と思いましてね。買ってやったほうがよっぽど楽です。でもそれではいけない。なぜ必要か、徹底的に語りあい、納得の上で持たないことにしました」

衝動的にほしいものを買ってやる、それはあまやかしているだけで愛でも何でもありません。

T師の子供に対する深い愛の姿勢に喝采《かっさい》をおくりたい思いで聞いたことでした。

ヨーロッパの家庭であったことです。食事の最中に子供が騒いだ。父親が厳しくたしなめて食事をさせませんでした。

居あわせたE氏が、「少し厳しすぎないか」というと、父親はいいました。「今叱《しか》らなければ、子供の心が死んでしまう。一度や二度食事をとらなくても、子供の体は死にません」と。

その人の、あるいはその子の、少なくとも一生という展望の上から、今どう対処すべきかを考える、それがほんとうの愛というものであり、親切というものでありましょう。

どう対処すべきかは、相手の遠い将来まで見すえて決める

今、ほしいもの、やりたいことを優先することを愛情だと勘違いしてはいけません。

泥がなければ花は咲かない

二千年の深い眠りからさめ、千葉県検見川《けみがわ》遺跡から発見された三個の蓮《はす》の実の一個が、植物学者の故大賀《おおが》一郎博士の指導のもとに発芽し、みごとに花開きました。一九五一年（昭和二十六年）のこと。この大賀蓮が多くの愛好家の手を経て、信州・無量寺《むりようじ》（私が五歳から育った寺）にも到着し、小さな蓮池で数個の花を開かせてくれました。

とんぼや蜂が花にきて蜜をもらい、葉には青蛙が心地よさげに睡《ねむ》り、水の中にはおたまじゃくしが群をなして泳ぎ……。小世界ながらたちまちにして調った共《とも》生《い》きの世界が展開し、息づいていることに気づきます。

小さな蓮池はすぐに込み入ってくるため、蓮はあちこちに分家してゆきます。

ある年、立派な池のあるN家へ分家していきました。数年経《た》ったある日、「先生、どうしたんでしょうね。せっかくいただいていった蓮が、全然生長せず、生きているのがやっとといった状態なんですよ」と訴えてきました。

私はハッと気づいて質《たず》ねました。Nさんの家のある地名は清水。「あなたの池、湧き水でしょう。水がきれいすぎるんだわ。せっかくいい池があって残念だけど、蓮は泥田でなければ育たないのね。泥田へ移してやってちょうだい」。泥田に移された蓮はようやくにして元気をとりもどし、数年ぶりにして花を咲かせることができました。

高原陸地に蓮花《れんか》生《しよう》ぜず
卑《ひ》湿《しつ》淤《お》泥《でい》にこの花を生ず
『維摩経《ゆいまきよう》』

乾燥した高原や陸地や、清流には蓮は育たず、泥沼、泥田の中にしか、あの美しい花は咲かないというのです。「泥中《でいちゅう》の蓮花」といい、「泥多《どろおお》ければ仏大《ほとけだい》なり」といい、お寺の本堂の須弥壇《しゅみだん》上にも一対の木蓮華《もくれんげ》が飾られているように、古来より仏の教えは、泥中に咲く蓮花にたとえて説かれてきました。

まずは蓮の語りかける言葉に耳を傾けてみましょう。最初の語りかけは、〝泥を嫌っていないか？〟という問いかけです。

泥という言葉に象徴するわが心にかなわないことから逃げようとしていないか。健康はいいが病気はかなわない、得するはいいが損することは嫌、成功はいいが失敗はかなわない、愛することはいいが憎しみからはのがれたい。私の周辺にもいろいろな感情の泥がうずまき、私の中からも自分でも目をそむけたいような泥も、ときにふき出す……。限りなく花を追うが泥は厭《いと》い、泥から目をそむけ、逃げようとしております。

蓮の二つめの語りかけは、「泥が大事、泥が材料、泥がなければ花は咲かないよ。しかし、泥がなければ花は咲かないけれど、泥イコール花ではないよ」ということです。泥がなければ育たず、花も咲きません。泥が大事、泥が材料だけれど泥イコール花ではない。蓮の花が泥の色や匂《にお》いをとどめたら、誰もふり返りはしないでしょう。泥の姿も匂いもとどめず、あの清らかな花を咲かせるから、人々は賞《め》で愛《いと》しむのです。

仏教は因果論というけれど、縁が大切です。人生の苦しみを泥にたとえることができましょう。この苦という因からどんな果を招くか。

「『私が苦しみから救われる』のではなく、『苦しみが私を救う』のです」

これはローマ法王の側近としてバチカンにおられた尻枝正行《しりえだまさゆき》神父が、作家の曽野綾子さんに送った手紙の一節です。

「傷に大小はあっても、傷は傷じゃ。借り物でない自分の傷を大事にすることじゃ」

これは医師で浄土真宗の伝道者でもある米沢英雄《よねざわひでお》先生の言葉です。

苦しみ悲しみという泥、これが原因となり、その苦に導かれてアンテナが立ち、よき師、よき教えという縁に出会うことで、泥は肥料と転じ、美しい花という果を咲かせます。

ある日、一人の雲水《うんすい》が泣きこんできました。法友となかなかうまくゆかず、ぎくしゃくしたり、ぶっつかったり。幼児期、両親のもとで育つ環境に問題があったという負い目を持っている雲水。〝皆とうまくいかないのは、小さいときに恵まれない環境で育ったため〟というところへ最後はいってしまいます。私はその雲水を抱きしめて叫びました。

「皆とうまくいかない理由を、小さいとき育ててくれた親の責任に帰《き》したところで、問題は解決しないでしょう。その悲しみのゆえに出家し、道を求め、仏法というすばらしい教えに出会えたんじゃないか。変わってみせるぞと、自分にいいきかせてごらんなさい」と。

苦は、泥は、アンテナを立てよという仏さまの慈悲の贈り物と受けとめていきましょう。アンテナが立っていなければ師のもとで教えを聞いても、出会うこともできなければ、教えも聞こえてきませんから。よき師、よき教えという縁に導かれることで、泥を肥料と転じ、一歩一歩に花を咲かせていきたいものです。

苦しみが私を救う

病気や失敗、悲しみ、憎しみを
肥料とし、美しい花を咲かせましょう。

立場を変えれば、きた道でもあり、ゆく道でもある

多くの人生相談を通して気づくことは、年齢や肉体ばかりは大人でも精神的にはまったく子供のままという、似非《えせ》大人の急増です。二十歳になったから、肉体が一人前になったから成人とは限らない。精神的に成熟しなければ、たとえ四十歳になろうと、子供であることに変わりはありません。

そういう似非人間が結婚するから、たちまち離婚沙汰《ざた》になったり、自分のことさえ始末できない精神的子供が子供を産むから、その子供にふりまわされてノイローゼになってしまったりするのです。

結婚して間もないという一人の女性が、人生相談にきました。夫が愛してくれない、あれをしてくれない、これもしてくれない、こんなはずじゃなかった等々、

してくれないことばかりを並べたてるのです。私は質ねました。

「あなたは、ご主人を真剣に愛し、ご主人がこうしてほしいと思われるように、毎日を勤めておられますか？」と。その女性は首を振りながら、「愛してもいなければ、自分からは何もしていない」という答え、私は思わずいいました。

「それじゃ五分五分じゃないの？　ご主人を責める資格は、あなたにはないのよ。あなたね、立場を替えて考えてごらん。もしあなたが男で、あなたのような、愛してもくれない、何もしてくれない人を妻にもらったら、かわいいと思えるだろうか。

ご主人を責める前に、まずあなたがご主人を愛し、ご主人になすべきことを精一杯勤めてごらんになることですね。ご自分がしてほしいことは、ご主人もしてほしいことなのです。あなたが愛してほしかったら、ご主人もあなたに愛してもらいたいのです。自分をためしとして、まずご主人に尽くせるだけ尽くしてみてください」と。

江戸時代の初め、網干《あぼし》(姫路)の龍門寺《りようもんじ》に盤珪永琢《ばんけいようたく》という禅師さまがおられました。

ある日、お姑さんが嫁の愚痴《ぐち》をこぼしにやってきました。禅師さまはお姑さんの愚痴話を、丁寧にお聞きになり、お姑さんの心の荷物がすっかりおり、軽くなったところで、たった一言「姑も昔は嫁にて候《そうろう》」といわれました。「おばあさん、あんたも嫁の時代があったじゃろう。あんたの昔の姿、あんたの歩いてきた道じゃ」というのです。

愚痴をすっかり聞いていただいて、きれいに掃除されたお姑さんの心の中に、この一言が素直におさまりました。

別の日、お嫁さんがお姑さんの愚痴をこぼしにやってきました。この愚痴も丁寧に聞かれた禅師さまは、最後に一言「嫁が姑になるにて候」といわれました。「あなたもまちがいなく姑になる日がくる。あなたの明日の姿じゃ。ゆく道じゃ」というのです。

禅師さまにつもる思いを聞いていただいて、心の整理ができたお嫁さんの心の中に、この一言がすんなりとおさまりました。きた道、ゆく道、昨日の私、明日の私の姿と受けとめて、心を運んでゆけ、というのです。

ご主人の立場に立ったら、お姑さんの側になってみたら、私のような母親を持った子供の立場に立ったらと、相手の立場に立って考えられる人を、大人というのです。

自分がしてほしいことは、
相手もしてほしいこと

相手を責める前に、自分の行動を変えてみる。
相手の立場を考えられることが大人の条件です。

歴史はどう見るか、神・仏はどう見るか

ローマ法王の側近で尻枝正行というすばらしい神父さまがおられました。ローマでご一緒させていただいたときの茶話の一句一句が殊に鮮明に思い出されます。「私の甥《おい》がローマへ留学するというのです。私は『強《し》いて勉める』と書く勉強という言葉が嫌いです。『ローマは滅びゆくものの、滅びざる美しさに充《み》ちた都だ。そこで上手に遊べ』といっていることです」

「ヴァチカンをはじめローマの人々は、同時代の人の眼は恐れないが、歴史の眼を恐れる。歴史がどう審判を下すか、それを恐れて、今どうすべきかを考えようとします」

歴史の眼とは、いいかえれば神の眼ということになりましょうか。美しい言葉

で「滅びゆくものの滅びざる美しさ」と語られた、その真意は何か、と私なりに模索してみました。

ローマは二千年、三千年という古い遺跡を、今生きている者にとっては邪魔になると思うものまでも、日本人ならとっくにとりこわしてしまっていたであろうものを、大切に大切に守り伝えています。歴史が語りかける言葉に耳を傾けようという姿勢なのでしょう。

ローマ郊外にドミネ・クオ・ヴァディス教会が建っています。約二千年前、暴君ネロはキリスト教徒を、あらゆる残忍な方法で迫害しました。キリスト教を根絶させてはならないというので、信徒たちにたのまれて、ペテロはローマ郊外に逃れ出ました。おりしもさし昇る朝日の金色の光の球が、空へは昇らずに高みから降りてきて、道の上を転がった。ペテロは立ち止まりました。

太陽の光の中の人影が自分に向かって歩いてくる。ペテロの口から驚きと喜びの声が発せられます。

「おおキリスト……。クオ・ヴァディス・ドミネ……」（主よ、いづくに行きたもう）

キリストの幻影が答えます。

「お前がわが民を捨てたので、私はローマへ行って再び十字架にかけられるのだ」と。

ペテロは地にひれ伏し、やがてふるえる手で巡礼の杖《つえ》をとりなおし、七つの丘の都のほうへときびすを返しました。かくてペテロは捕えられ、主キリストと同じ十字架では恐れ多いというので、自らすすんで逆さ十字架にかかって果てました。このペテロの墓の上に、サン・ピエトロ大聖堂が建っています。

ポーランド人のシェンキエヴィチはこの辺の史実を題材として『クオ・ヴァディス』という歴史小説を書き、その最後を、

「こうしてネロは、旋風か暴風か火事か戦争か疫病が去るように去り、ペテロのバシリカ（カトリックの教会堂）は今に至るまで、ヴァティカンの高みから都と

世界を支配している」

の一句で結んでいます。みごとな一句であり、まさに歴史の眼、神の眼で見たときどうなるかを語る一句ともいえましょう。

暴君ネロが贅《ぜい》をきわめて作ったグロッタ様式の宮殿は、グロテスクの名で呼ばれる廃墟《はいきょ》となり、命をかけて教えを守り、ネロに殺されたペテロは初代ローマ法王として今日までその聖業は語りつがれ、そこに建つサン・ピエトロ寺院は、カトリック教徒の頂点に立つ法王庁として、全世界に君臨しています。

近視眼的に見れば、ペテロは負け、ネロは力ずくで勝ったかに見えますが、歴史の審判は逆におりました。盛衰興亡織りなす歴史、「滅びゆくもの」が語りかける、永遠に滅びざる真実とは何か。

「クオ・ヴァディス・ドミネ」は老使徒ペテロが主キリストの幻影に向かって問いかけた言葉であると同時に、いついかなるときも、「クオ・ヴァディス・ドミネ?」と、「神はどこへゆこうとなさるのか」「仏は私に何をせよとおおせか」

「私は今何をなすべきか」と問いつつ生きてゆくことの大切さを思うことです。

「アダムとイブが禁断の木の実を食べてエデンの園から追放されたというが、あれは人間の分別を持つことで、神の国から追放されたんじゃな」

これは私どもの尼僧堂のお師家《しけ》さまであり、大雄山最乗寺《だいゆうざんさいじょうじ》の前住職・余語翠巌《よごすいがん》老師の言葉です。立場が変わることで善悪が逆転するようなのは、人間のモノサシであって、ほんとうの善でも悪でもない。限りなく、神に、仏に問いかけながら、今ここを歩んでいきたいと思います。

同時代の人の眼は恐れず、歴史の眼を恐れる

目先のことばかりにふりまわされてはいけません。
永遠に滅びない真理《まこと》は何かを考えましょう。

もう一人の私の誕生

江戸末期、風外本高《ふうがいほんこう》禅師という方が、大阪の破れ寺に住んでおられ、ある日、川勝太兵衛《かわかつたへえ》という富豪が人生相談にやってきました。太兵衛がいろいろと悩みを訴えている。そこへ一匹の虻《あぶ》が飛びこんできました。

立てつけのわるい戸の隙間《すきま》から飛びこんできた虻は、自分がここから出ようと思う方向の窓に勢いよくぶっつかり、失神して畳に落ちました。しばらくするとモソモソと起きあがり、また同じ窓にぶっつかっては落ちるという愚を、繰り返し始めました。

禅師さまは太兵衛の話を聞いておられるのかおられないのか、虻ばかりを見ておられる。たまりかねた太兵衛は、思わず「禅師さまはよっぽど虻がお好きとみ

えますなあ」というと、禅師さまは、

「やあ、これはすまんことでした。しかしあまりに虻がかわいそうでなあ。この寺は有名な破れ寺で、窓も障子《しょうじ》も破れているし、立てつけもガタガタ。どこからでも出てゆくところはあるのに、ここからしか出られぬと思って、そこへ頭をぶっつけてはひっくり返り、ぶっつけてはひっくり返り……。こんなことをしていたら死んでしまうわいな。

しかし、かわいそうなのは虻ばかりじゃないの。人間もよう似たことをやっておりますなあ」

と語られました。虻にことよせての、このおさとしに太兵衛はハッと気づき、思わず「ありがとうございました」と、畳に頭をすりつけてお礼を申し上げました。

禅師のさりげない導きにより、虻でしかなかった自分に気づくもう一人の私の目を開くことができた太兵衛は、以後、熱心な参禅聞法《さんぜんもんぽう》の弟子となりました。

曹洞宗《そうとうしゅう》を代表する師家であった沢木興道《さわきこうどう》老師に参禅しておられた、評論家の田中忠雄先生が、この話をある会社でお話をしたところ、数日してその会社の女性社員から手紙が参りました。

「私は一人の男性を愛しております。事情があってどうしても結婚できず、絶望して死のうと思いました。会社の仕事も整理し、帰って死のうと思っておりましたら、課長さんが『今日は講演会があるから受け付けをしろ』といいます。ボンヤリと受け付けに座っている私の耳に、この虻の話が飛びこんできました。その瞬間、『アッ！　私は虻だった』と気づいたのです。私は虻だったと気づいたら、生きてゆく勇気が湧いて参りました。先生は私の命の恩人です」

と、その手紙には書かれておりました。田中先生は早速《さっそく》に返事を書かれました。

「あなたの命の恩人は、私ではない。虻です。これからの人生にも、いろいろの山坂があるでしょう。行きづまったと思ったとき、ナムアミダ仏ではなく、ナムアブダ仏と唱《とな》えなさい」と。

「私は虻でしかなかったな」と気づく私は虻ではない。この話から二つのことを学んでおきたいと思います。

一つは、虻が「ここからしか出ていけない」と頭をぶっつけつづけている。角度を変えてごらん。前ばかり見ていないで、右を、左を、上を、下をと、目を転じてごらん。姿勢を変えてごらん。どこにでも出口はあるよ、と語りかけています。

もう一つの学びは、人は悲しみ、苦しみにぶっつかることで、立ち止まり、ふり返る。どこが悪かったのかとそれまで歩んできた自分をふり返るもう一人の私が誕生します。虻でしかない自分に気づくためには、虻でない自分の目がそなわらなければなりません。虻でしかない自分と、虻でない自分との対話です。

汚れっちまった悲しみに
今日も小雪の降りかかる

汚れっちまった悲しみに
今日も風さえ吹きすぎる

中原中也《なかはらちゅうや》

唯識学《ゆいしきがく》の泰斗である太田久紀《おおたきゅうき》先生は「汚れが汚れを知るためには、汚れでないものがなければならない」と語っておられます。

汚れていない「もう一人の私」が了々《りょうりょう》と目ざめているからこそ、中原中也のこの詩があるのです。汚れを汚れと知り、汚れを悲しむことができるということは、垢《あか》づかぬ澄んだ「もう一人の私」が目ざめ、大きく育っている証拠です。

この「もう一人の私」を、よき師、よき教え、よき友に導かれることによって、どう大きく育ててゆくか。そこに人間修行のしどころがあるといってもよいのではないでしょうか。

どこにでも出口はある

前ばかり見て、「進む道はこれしかない」と思いこんでいませんか?

人生の外へ出なければ全体の展望はできない

アメリカでの巡回布教の旅の一日、ナイアガラ瀑布《ばくふ》を訪ねることができました。エリー湖から流れ出た水がゴート島で二分され、一方は越境してカナダ瀑布となり、一方はアメリカ瀑布となります。二つの瀑布は一つの視界におさまる距離にあり、滝壷に落ちた水はたちまち合流して一つのナイアガラ川となり、しかも国境線は川の真ん中だといいます。

二つの瀑布共にナイロンのカッパが支給され、それで全身を包みながら、一方は滝の裾近くを歩いてめぐり、一方は船で巡遊します。アメリカの滝は幅が三百メートル、カナダの滝は馬蹄型に湾曲しながら約七百メートルに及ぶ豪壮なもので、そこを五十メートル余りの高さからなだれ落ちるのだから、まきおこす風圧と飛沫《ひまつ》のものすごさは想像を絶するものがあります。

まるで暴風雨の中を必死にくぐり抜ける思いで、滝をあおぎ見るゆとりなどあらばこそ、目もあけられない思いで、ぬれた階段に足をとられないように歩くのが精一杯。やっとの思いで山裾《やますそ》の平坦な道にたどりつき、初めて瀑布の全貌《ぜんぼう》を眺めながら、「ああ、あそこを歩いてきたのね」と語りあったことです。

「瀑布も、近づき、その下をくぐってみないとそのすごさがわからず、といってその真只中《まっただなか》に入りこんでしまったら、全体の姿も、ましてその中にあえいでいる自分の姿も見ることができないが、遠く離れてみると、全体の展望もでき、その中での自分の姿も見えてくる。

遠くから見ているだけでは、あのやりきれない激しさはわからず、その只中にいるだけでは全体が見渡せず、両方なくてはだめね。

人生も同じだね。嵐のような真只中にあるときも、そういう自分を、自分の苦悩をつきはなして、遠くから見る冷静さを、客観性を、智慧《ちえ》を忘れずに、毎日を生きてゆくことができればいいね」と。

「坐禅とは見渡しのきく高い山へ登るようなものだ」

これは沢木興道老師の言葉です。瀑布の只中にいたら、そこをくぐり抜けることだけで精一杯。周囲を見渡すゆとりもあらばこそ、瀑布も自分の姿も見えはしません。

瀑布もその中の自分の姿も、つきはなして眺めて初めて全体の姿が見える。そのように、自分の人生も、そこに埋没しているだけでは、幸不幸を追ったり逃げたり、その中にあって七顛八倒《しちてんばっとう》している自分の姿は見えません。その只中にあってあえぎつつも、それをつきはなして静かに眺めるもう一人の私の眼が育たないと、今の一歩をあやまりないものとして踏み出すことはできないのです。

滝の外へ出なければ滝全体を見ることはできないように、山を出なければ山全体を見ることができないように、人生の外へ出なければ自分の人生の展望はできません。人生の外へ出るとはどういうことか。沢木老師の高弟である、安泰寺《あんたいじ》の内山興正《うちやまこうしょう》老師の言葉に思い到りました。

「床の間に棺桶《かんおけ》をおいて、のぼせあがったとき、出口がわからなくなったとき、その棺桶の中へ入り、そこからふり返って見よ」

自分の姿をつきはなして、
静かに眺めてみよう

山の中にいては、山全体が見えないように、
苦しみの中であえいでいても
苦しさの全容は見えません。

第二章

人生を円相で考える

不幸なできごとを肥料として人生を深める

禅画としてよく登場するものに円相《えんそう》があります。文字ではなく象徴的な表現であるためにたくさんの意味を含み、それに添えられた賛《さん》によって筆者の心を尋ねることはできます。

私の愛用している円相の軸は、余語翠巌老師の御揮毫《ごきごう》によるもので、「無始無終《むしむしゅう》、圓《まどか》なること大虚《たいきょ》に同《どう》じし」という一句が添えられています。

書いた円相には始めと終わりがありますが、円そのものには始めも終わりもありません。始めも終わりもないということは、いいかえればどの一点をおさえても終わりであると同時に出発点だということができます。

人生を直線的に考えず、円相として考えてみましょう。どの一点をおさえても終わりであるということから二つのことを学んでおきたいものです。

一つはどの一点をおさえても、今まで生きてきた人生の総決算の姿が、今日只今の私の姿なんだということです。一日二十四時間、一年三百六十五日という時間という財産を、すべての人が平等にいただいています。

その一日二十四時間という財産を、二、三時間ほどの薄っぺらい中味にしか使い得ていないか、三十時間、四十時間ほどの密度の高い生き方として使い得ているか、あるいは闇《やみ》で埋めてゆくか、光で埋めてゆくかで、人生はまったく変わります。その生き方を三十年、五十年、七十年と積みあげてきた総決算の姿が、今のお互いの姿です。何を考え、何を語り、どう行為したか。その一つひとつが一点のごまかしもなく、目に見えない鑿《のみ》となって人格を刻みつづけるのです。衣装や化粧ではごまかせない、内からにじみ出るものとなって現われます。

久々に中学時代の同級会に出席しました。かつてそれほど美しくなかった友が、深いしずけさをたたえた美しい人になっていました。反対に美しかった友があまり目だたなくなっていました。何十年間か会わなかった間の、一人ひとりの友の生き方に思いをはせたことです。

深い美しさをたたえた友の人生は、必ずしも幸せなものではなかったようです。〝上手に苦労をした人だな。不幸なできごとを肥料と転じて、人生を深く豊かなものにしてこられたのだな〟と思ったことです。

「仏法とは、此方《こちら》の目や耳や頭を変えることじゃ」

これは沢木興道老師の言葉です。沢木老師は幼くして両親や、預けられた叔父さんを失い、最後に遊郭街の裏町にある沢木家にもらわれていきました。ある日、郭《くるわ》遊びをしながら死んだ男の姿を見て、「いつなんどきお迎えがくるかわからん。内緒ごとはできんわい」と悟られ、「両親や叔父が相ついで死んでも目がさめない私のために、菩薩《ぼさつ》がこのような活劇を見せてくれた」と悟り、出家されました。

郭通いをしながら死んだ男さえも菩薩の化身と拝むことができたとき、沢木少年の心には菩薩として、光として刻みこまれてゆくのです。一般世間では嘲笑ものでしかないことも。問題は向こうにあるのではなく、どこまでも受けとめる側、自分にあるといえましょう。

女あり　二人ゆく
若きはうるわし
老いたるは　なおうるわし
ホイットマン

若さ＝美しさは自慢にはなりません。「老いたるは　なおうるわし」、皺《しわ》がなくて美しいというのではない。白髪がなくて美しいというのでもない。皺の一本一本、白髪の一本一本に、それまでの人生の一つひとつにどう取り組んできたか、その生きざまが、いぶし銀のように光る、人格の輝き、それが「老いたるはなおうるわし」というのです。

かつて藝大の学長であった平山郁夫先生と対談したことがあります。そのときの心に残る言葉として、「一枚の絵は、それまでの人生をどう生きてきたかの総決算」であり、「技ではない。日頃、描き手が身につけたもの、蓄積したものしか出てくるはずがない」と語られたことです。

本命はどこまでも「わが人生をどう生きてきたか」であり、それが一枚の絵の味わいとしておのずからにじみ出るというのです。

早稲田大学の美術の先生で、歌人でもあった会津八一《あいづやいち》先生は、「御同様、気をつけて、美しき人になりたく候」と知人に書き送っておられます。日々を大切に生きて、美しき人になりたいと思うことです。

これまで生きてきた人生の
総決算の姿が、今の私

時間という財産をどう使うかは自分次第。
その積み重ねが内側からにじみ出てくるのです。

自分で自分を拝めるような生き方をする

嘘ひとつ いい得ぬほどに変《かわ》りたる
身の愛《いと》しさを尊く思《おぼ》ゆ

これは三十三歳で死刑になった島秋人《しまあきと》の歌です。鬼も仏も出す材料のすべてを持っているお互いが、よき縁に会うことで、自分で自分の生命を拝みたくなるような人生へと転換することができた島秋人のことを、変えられないと歎く若者に私はよく語ります。

島秋人は満州で生まれ、戦後、両親と共に引きあげてきました。非常に窮迫していて、お腹《なか》が空いて押し入った農家の主婦に抗《あらが》われ、思わず首をしめて殺してしまった。死刑囚として獄中につながれる身になり、ようやく静かに自分の人生をふり返る機会を持つことができたのです。
三十二年の生涯のうち、ほめられたのはたった一度、中学のときの絵の先生に「お前は絵は下手だが、構図がいい」とほめられたことを思い出し、なつかしさのあまり、獄中より手紙を出しました。先生よりすぐ返事がきた。その返事には、奥さまの作られた歌が添えられてありました。この歌がきっかけとなり、歌人で国文学者の窪田《くぼた》空穂《うつぼ》について歌を作るようになり、歌に導かれ、また、キリスト教との出会いもあり、人生観が大きく転換してゆきます。

身に持てる優しさをふと知らされて
　神の賜わる生命と思う

世のためになりて死にたし死刑囚の

眼はもらい手がなきかもしれぬ

おくればせながら生命の尊さに目覚めることができた。何かよいことをして死んでゆきたいと思う。けれど獄中の身、何もできない。この眼はまだ三十三歳で若くして使える。アイバンクに届けて、死刑の後、使ってもらおうと考える。しかしこの眼の持ち主が死刑囚とわかったらもらい手がないだろうか……。そんな思いが伝わってきます。

あるお寺の本堂に「五尺《ごしゃく》の躰《からだ》、借用証文」と書かれた額がかかげられており、思わず書きうつしてきました。

「煩悩具足《ぼんのうぐそく》の身、右は仏法聴聞のご用につき、借用つかまつり候。しかるに老少不定の世界に候間《そうろうあいだ》、無常の風吹き次第、何時《なんどき》にても御返済申すべく候、云々《うんぬん》」

差し出し人は「娑婆国《しゃばこく》の念仏行者」、宛て名は「閻魔《えんま》大王殿」。

「煩悩具足の身」、つまり鬼も仏も、何でも出す材料のすべてを持っているこの身心。まずは何に使うか。自分の生命がほんとうに愛しいと思ったら、鬼は出せなくなります。仏を出さないではおれなくなります。最高の生き方を、島秋人が、「神の賜わる生命」と自分で自分を拝めるような生き方をしないではおれなくなります。そのためにはよき縁に出会わねばならない。よき師に、よき師を通してよき教えに出会うことで、択《えら》ぶ目を育てなければならない。そのために、この身心をしばらく拝借したいのだということです。

みんないちばんいいものをさがそう
そして　ねうちのないものに
あくせくしない工夫をしよう

と歌った、詩人の八木重吉《やぎじゅうきち》の心を思うことです。

何かよいことをして死んでゆきたい

鬼にも仏にもなれる私。
よき縁に会うことで、人生は転換できます。

明日死ぬかのように生き、永遠に生きるかのように学ぶ

親しい人が相ついで黄泉《よみ》へと旅立ちました。会葬の方々に私は語ります。葬式の意味の一つは、旅立つ人が全身心を挙して遺《のこ》った者たちへ贈る最後の一言があるはずです。その一言を肝に銘じて聞く。そしてその一言を毎日の生活の上に、一歩でも二歩でも実践することができたとき、死者の遺言を聞き得たといえるのではないでしょうか。その一言とは何か。

「死ぬんだよ。あなたも。必ずこの日がくる。予告なし、まったなしに。いつその日がきてもよいような、毎日、毎時間の生き方をしなさい」

ということではないでしょうか。

お釈迦さまは「四馬《しめ》の譬喩《ひゆ》」をもって説かれました。第一の馬は、御者《ぎょしゃ》のふり

あげた鞭《むち》の影だけを見て走り出す馬で、駿馬《しゅんめ》だといいます。第二は鞭が毛の先に触れてから走り出す馬、第三は肉に触れてから走り出す馬、四番めは骨に達してからようやく走り出す馬で、駑馬《どば》の類《たぐ》いだといいます。

いったい何を語ろうとされているのでしょうか。

遠い村や町の人が亡くなったということを聞いて、わがことと受けとめ、心して生きようとする人が、第一の鞭影《べんえい》を見て走り出す馬の類いの人だといいます。自分の村や町での訃報《ふほう》を聞いて、うかうかしておれんぞと立ちあがる人、これが第二の馬の類いの人、自分の親兄弟などが迎えにこられて、遅ればせながら気づく人が第三の馬の類いの人、最後は自分自身が病苦などでお迎えが近くなってようやく気づく類いで、これが第四の馬の類いの人だというのです（出典は『雑《ぞう》阿含経《あごんきょう》』）。

葬儀に出会うことによって学ばねばならない一つは、旅立つ者の最後の遺言を聞くことにより、「いつお迎えがきても結構です」といえるような今日只今の生き方をすることではないでしょうか。

石川県小松市に今川透先生という浄土真宗のご住職がおられました。ある日、講演依頼のお手紙が届きました。お手紙の中に〝癌《がん》を患い、病床で「尭」という文字が頭に浮かんだ〟と記されてありました。「生」の下の「一」と、「死」の上の「一」が一つになって一文字を形成している訳です。この「尭」から何を学ぶか。

とりあえず私としては最も近いところでの日程を探し、十ヵ月先のお約束をしました。〝生きて待っていてください〟と祈る思いで。今川先生は待っていてくださいました。最初の挨拶に、「今年の春、転移して肝臓癌になり、助からないかと思いましたが、何とか生命授かり、本日、青山先生をお迎えすることができました」と、心から喜んでくださいました。そのご住職をあおぎ見ながら、涙を流しながら語られた奥さまの言葉が忘れられません。

「住職が、癌になってくれたお蔭で、本物の坊さんになってくれました……」

私はハッとして思わず奥さまの顔を見つめました。ちょっといえる言葉ではない、しかしすごい言葉です。死の宣告を受けることで、人は遅ればせながら生命の尊さに気づき、その生命をどう生きるべきかを真剣に考え、まったなしに取り組まざるを得なくなるものです。死を忘れたら生もぼけます。いつまでも生きておれるという思いの人生は、たとえ長生きしても結局は何もしない、何もできない人生で終わるでしょう。

教育に生涯をかけられた東井《とうい》義雄《よしお》先生は「生きているということは死ぬ生命をかかえているということだ」と語られました。癌などの難病により死の宣告を受けた人や、刑務所などに収容されている死刑囚ばかりが死刑囚なのではありません。

人は皆、いや生きとし生けるものは皆例外なく死刑囚なのです。老若を問わず、病気であると健康であるとを問わず、予告なし、待ったなしに死は訪れます。刻々に死と背中あわせの人生であることを忘れるな、それが「尭」の語の語りかけようとする一つの意味でありましょう。
前項で述べた、「五尺の躰、借用証文」の中の「無常の風吹き次第、何時にても御返済申すべく候」の一句の心、「いつお迎えにきていただいても結構です」といえる今日只今の生き方を、と真剣に、わが足もとに向かって問いつづけて生きたいと思います。インド独立の父と崇《あが》められたマハトマ・ガンジーの言葉のように。

明日死ぬかのように生きよ。
永遠に生きるかのように学べ。

死を忘れたら、生もぼける

誰にでも、予告なし、待ったなしに死は訪れます。
死を意識しない人生は、
何もできない人生ともいえます。

どんな状況も正念場として受けて立つ

若き日、客を案内して上高地《かみこうち》に遊んだことがあります。梓川《あずさがわ》の河原で野点《のだて》をたのしんだあと、河童橋《かっぱばし》から明神池《みょうじんいけ》まで歩きました。

初めての上高地。歩を移すほどに山容を変える木の間ごしの穂高《ほだか》の峯《みね》の姿も美しいし、底まで澄みとおる梓川の流れも心地よいし、岩かげに咲く高山植物の可憐《かれん》な姿もいとおしいし、深い樹陰でさえずる小鳥たちの声もたのしく、そしてその声や花の香りをのせて吹きすぎる風も心地よい。一歩一歩を限りなくたのしみ、味わいながら歩んでいました。

ところが同行のメンバーの多くは明神池へ着くことだけを目的とし、「遠いね、まだかね」とあえいで、せっかくの景色も目に入らず、鳥の声も聞こえていません。私はふと思いました。「人生の旅路もこれだな」と。

人生の旅路にはいろいろなことが待っています。喜びも悲しみも、こんなはずではなかったということも、できたら逃げ出したいということも。われわれはそのことにふりまわされて一喜一憂し、追ったり逃げたり、助けを求めたり、のぼせあがったり落ちこんだり……。つねに姿勢が崩れっぱなし。いかなる状態の中にあろうと、追わず逃げずぐずらず、そこを正念場として腰を据えて受けて立つ。さらに一歩進めて、積極的に景色としてたのしんでゆきましょう。電車の旅も景色に変化があったほうがたのしいように。

下り坂には下り坂の風光がある

これは念仏者で詩人の榎本栄一《えのもとえいいち》さんの詩の一文です。われわれは人生の旅路で、下り坂になったら〝こんなところまで落ちてしまった〟と七顛八倒して何も見えません。下り坂でしか見えない景色をたのしむことです。どん底に落ちたらどん底でしか味わえない風光をたのしみ、味わうことです。

一茶《いっさ》さんの句と伝えられているものに、

かたつむり　どこで死んでも　わが家かな

というのがあります。下り坂も、どん底も、上り坂も、あるいは峯の上も、どこも例外なく仏の御手のどまん中というのです。

道元禅師はこういう生き方を「遇一行修一行《ぐういちぎょうしゅういちぎょう》」――一行に遇《あ》って一行を修す――という言葉で示されました。人生の目的を、たとえば明神池へ着くというような遠くにおかず、今、ここの一歩一歩におくというのです。どの一歩も、どの一瞬もかけがえのないわが生命の歩みとして大切に運ぶ、というのです。

茶道の弟子のHさんが癌になりました。ある日、「遇一行修一行」の一句を書いてくれといってきました。私はハッとしました。「癌という一行を修行する覚悟なんだな」と。早速書いて渡しました。Hさんはそれを枕もとに飾り、癌を修行すること数年、今年の初夏、旅立ちました……。

内山興正老師はよくおっしゃっていました。

「人生の最後には、世捨て人じゃなくて、世捨てられ人状態が待っているであろう。その世捨てられ人状態という一行を、ぐずらず姿勢を正して取り組んでゆく。そのことに生き甲斐を感ずる」

わが心にかなうとかなわないとにかかわらず、「遇一行修一行」と勤めあげてゆくことは、そう簡単なことではありません。そしてそれが「いつ死んでもよい」という生き方でもあるのです。

この章の初めに「人生を円相で考えてみよう。円相はどの一点をおさえても終わりであると同時に出発点である。その終わりであることから二つのことを学んでおきたい。一つは『今日まで生きてきた人生の総決算の姿なのだ』ということをすでに述べました。もう一つの学びがこの「いつ死んでもよい、今日只今の生き方をする」ということなのです。

下り坂には下り坂の風光がある

人生の旅路にはいろいろなことがあります。
下り坂を嫌がらず、
そこでしか味わえないいことをたのしみましょう。

おかれている場所はどこでもよい、そこでどう生きるか

ある日、死刑囚からの速達便が届きました。〝長く生きられる命ではない。返事を下さる気持ちがあったら速達でくれ〟と書き、「この体　鬼と仏と　あい住める」の一句が添えてありました。私は早速、次の三つのことを書いて送りました。

一、おかれている場所はどこでもよい。そこでどう生きるか。
二、人生の目的は長生きすることではない。よく生きることだ。
三、よく生きるとは、今はよくないと気づくことである。

一つめから考えてみましょう。「おかれている場所はどこでもよい」。一般的に考えれば、刑務所はいいところではない、といえましょう。ここはいいところ、ここはできればいたくないところ、というように。しかし、生かされている生命の条件に変わりはありません。刑務所は空気が薄いということはないし、太陽の光もさわやかな月の光もとどかない、ということはありません。生かされている生命の条件は、どこもまったく同じです。

その中にありとも知らず晴れ渡る
空にいだかれ雲の遊べる　　俊董

荒れ狂う雲の姿をとったり、ポッカリと夢みるような姿になったり、あるいは紅に染めたり金のふちどりをしたりというような美しい姿になったり……。どのような状態になろうと、大空にいだかれての起き臥《ふ》し。仏の御手《みて》の只中にいだかれての起き臥しであることに変わりはありません。生命のありようを、空と雲とにたとえての歌です。

孫悟空《そんごくう》が天の涯《はて》まで飛んでみたが、仏の手の中から出られなかったという話は、象徴的なお話でおもしろい。どんな状態であろうと、仏の御手の只中での起き臥しであることに変わりはありません。ですから、おかれている場所はどこでもよいのです。問題はそこでどう生きるか、だけなのです。

この体　鬼と仏と　あい住める

条件次第では鬼も仏も、何でも出す材料のすべてを持っているお互い。仏さまのような方でも、あるいはどんなに修行してきた方でも、悪条件をそろえられたら、人殺しだってやりかねない、というのが人間なのです。

反対に悪鬼のように恐れられてきた人でも時と場合では、仏さまも顔まけするほどすばらしいことも、難なくやってのけます。犯人として追われて逃走中、幼い子供が川におぼれそうになっているのを見て、思わず川へ飛びこんで救ったという話を聞いたことがあります。

親鸞聖人《しんらんしょうにん》が、「さるべき業縁のもよおさばいかなる振る舞いをもすべし」とおっしゃっておられる通り、何でも出す材料のすべてを持っている私。たった一度の、やりなおしのできない人生なんだから、無理をしてでも仏を出してゆこう。無理をしてでも愛の言葉をかけあってゆこう、無理をしてでもニッコリほほえんでゆこう、と自分にいいきかせていきたいものです。

二泊三日の参禅会のあと、一人の老婦人が人生相談に残り、停年退職後の夫婦二人の生活のやりきれなさを訴えてきました。婦人の顔がだんだん鬼のように変わり、最後に「主人を殺したい！」という言葉まで飛び出しました。私はいいました。

「三十年、四十年を共に人生を歩んできて、最後そういう別れ方をせねばならないことは悲しいね。別れていいからね。最後だと思って三日間だけでいいから、最高のあなたのあり方をしてみてくれませんか。

長年共に暮らされた人だから、ご主人の好物は誰よりもあなたが知っているはず。ご主人の好物を、心をこめて作ってね。とにかく三日間だけでいいから、最高のあなたのあり方をしてから別れてちょうだい」

純真な婦人だったのです。「三日でいいですか?」というから、「三日でいいよ」「そんならやってみます」といって婦人は帰りました。私のいった通り勤めたのでしょう。翌日早くもご主人から電話が入りました。「たった三日間(尼僧堂での参禅会)で、あれだけ変える先生に会いたい」と、あいたずさえて参禅聞法の晩年を過ごされました。

私が変われば世界が変わります。相手に変わることを求めず、ひたすらに自分がどこまで変われるかだけを自らに問うてゆく。たった一度の人生です。鬼を出さずに仏を出してゆこうと願いつづけて生きていきたいと思うことです。

私が変われば、世界が変わる

たった一度の人生です。
鬼を出さずに仏を出して生きていきたいものです。

よく生きるとは「今はよくない」と気づくこと

前項で紹介した、死刑囚に送った二つめの返事は、「人生の目的は長生きすることではない。よく生きることだ」。長さではない、中味なんだ、ということについて考えてみましょう。

人もし生くること　百年《ももとせ》ならんとも
おこたりにふけり　はげみ少なければ
かたき精進《はげみ》に　ふるいたつものの
一日生くるにも　およばざるなり

友松円諦《ともまつえんたい》訳『法句経《ほっくきょう》』

平均寿命が年々数字をのばし、「後期高齢者」という呼称への可否が話題をにぎわしている今日、〝うかうかと百年生きるより、一日を大切に生きよ〟のお釈迦さまのお言葉や次の道元禅師のお言葉に耳を傾けたいものです。

「いたづらに百歳生けらんは、うらむべき日月なり、かなしむべき形骸《けいがい》なり。たとい百歳の日月は、声色《しょうしき》の奴婢《ぬび》と馳走《ちそう》すとも、そのなか一日の行持《ぎょうじ》を行取《ぎょうしゅ》せば、一生の百歳を行取するのみにあらず、百歳の佗生《たしょう》をも度取《どしゅ》すべきなり」

「声色の奴婢と馳走す」というのは、眼耳鼻舌身意の人間の主体の六根《ろっこん》のお相手となる色声香味触法の六境のことで、見たい、聞きたい、食べたい、ほしい、惜《お》しいの欲望が主人公の座に坐り、その欲望を満足させるために、この私が欲望の奴隷となって走りまわり、一生を空《むな》しく費やしてしまうことです。

そういう歳月を百年生きるよりも、私が主人公となって、欲をあるべき方向へ、道を求めるという方向へ、あるいは少しでも世の中の、人のお役に立つ方向へと手綱さばきをし、たった一日でもよい、道にしたがってあるべきように生きた一日のほうが、どれほど尊いかしれない、というのです。

たとえ万劫千生《まんごうせんしょう》の生死を繰り返そうと、凡夫《ぼんぷ》の思いを先としての流転《るてん》の人生ならば、永劫に解脱《げだつ》の見込みは立ちません。その中、たった一日でも、まことの師に、まことの教えに出会うことにより、真実の生命に目ざめ、方向転換できたら、生々世々《しょうじょうせぜ》の真の幸せです。それを「百歳の佗生をも度取すべきなり」とおおせられたのです。

どれだけを生きたかよりもどう生きたかを
みずからに問えと師はのたまいし　　俊董

三つめの「よく生きるとは、今はよくないと気づくことである」について考えてみましょう。
「よく生きよう」と願うのと、「よく生きた」と思うのとは違います。限りなく「よく生きたい」という誓願を持ちつづけなければならない。しかし「よく生きている」と思ったら、うぬぼれのほかの何ものでもありません。

いかにしてまことの道にかなわなん
千歳《ちとせ》のなかの一日《ひとひ》なりとも

徹底捨て果てて清貧に生きられた良寛さまにしてこのお歌があります。沢木興道老師は「正気になるほど、自分のお粗末さかげんがようわかる」とおっしゃいました。「よくない自分」「道にかなわない自分」「お粗末な自分」は自分の目では見えません。教えの光に照らされないと見えず、気づけないのです。

セトモノと／セトモノと
ぶつかりッこすると／すぐこわれちゃう
どっちか／やわらかければ／だいじょうぶ
やわらかいこころを／もちましょう

新婚夫婦に私はよくこの相田みつをさんの詩を贈ります。しかし一言つけ加えることにしています。もし「私がやわらかい心で、相手がセトモノだ」と思ったら、その心がセトモノの証拠。やわらかい心の者同志が争うことになる。「私がセトモノだったな」と気づかせていただく心が「やわらかい心」ということを。しかし、そのセトモノでしかない私の心の姿は、明らかな教えの光に照らしていただかないと見えず、気づくこともできません。

松影の暗きは月の光なり

という句があります。松が立っている。暗い影をひいているのを見せてくれるのは、月が出ている証拠です。真暗闇では松が立っていることも、松が影をひいていることも見えません。月の光がうすければ影もうすい。月の光が明るくなるほどに影は黒々と浮かびあがります。

自分でも気づかない自分の非に気づかせていただくことができたとき、照らしたもう光に感謝しないではおれない。わが非に気づくところに争いはありません。照らされ、導かれることにより、謙虚に、そして限りなく軌道修正していきたいという誓願のもとに生きたいと思うことです。

「よく生きている」はうぬぼれ、「よく生きたい」は願い

自分では気づかない自分の非を知る。
新しい生き方が始まります。

どちらが水ならば、ぶつかりはしない

岩もあり　木の根もあれど　さらさらと
たださらさらと　水のながるる

これは教育者で、念仏に生きた甲斐和里子《かいわりこ》さんの歌です。水のようにありたい、空気のような自己主張なしの姿で生きたいとつねづね願いながら、願いとは遥かに遠い自分にいいきかせる思いで、私はしばしば修行僧たちに語ります。「修行の眼目は『無我』になることです。道元禅師は『坐禅の床を破るほどに坐っても我《が》で坐ってはならぬ』と示しておられます。

水と氷にたとえてみましょう。水と氷はもとは一つのものですが、氷とこりかたまると一つの器には入っても違った器には入らず、無理に入れようとすると両方が傷つきます。水ならばどんな器にも、またどんな小さな隙間にも入ることができ、両方とも傷もつけず、むしろ自分を汚しながら相手を清めてゆくことができましょう。

氷とこりかたまったら、自分の心ばかりではなく、人の心も氷らせ、花も魚も氷らせてしまう。水ならばその中で魚もわが住み家として命の歌をうたうことができ、人も泳ぎ、舟も走ることができます。

仏の教えという光に照らされ、慈悲というぬくもりにつつまれることで、〝私が、私が〟という〝我〟の氷を、水に溶かす修行が、修行の眼目と思ってください。

不完全な人間同志ですから、ぶっつかることもありましょう。ぶっつかりが生じたとき、われわれは、とかく相手が悪いと責めたくなります。しかし考えてもみてください。どちらかが水ならぶっつかりは生じません。ぶっつかりが生じた限り、両方とも氷だった証拠です。むしろ相手の氷のお蔭で、〝私も氷だったな〟と、自分の氷に気づくことができたと、相手の氷を仏さまと拝んでいきましょう。嫌な人や嫌な仕事に出会ったときこそ、私の中に〝我〟という氷を凝視するチャンス、氷を水に溶かす修行のチャンスと受けとめてまいりましょう」

水と共に、水よりももっと徹した姿として願わしく思うものに、空気のあり方があります。

水も味や匂いがないからこそ、どんなに飲んでも飽きることがないように、空気も匂いや形を持ちません。であればこそ一刻もなくては生きておれないほど大切なものであるのに、誰も吸っていることに気づかず、気づいていないから、ありがたいとも思っていない。その存在すら意識にのぼってこないから、いくら吸いつづけていても疲れはしません。

一息ごとに「ああ、空気さまのお蔭で生かさせていただいている」と、空気の存在が意識にのぼるようでは疲れてしまいます。もっとも大切なものであればこそ、まったく姿を消し去って、意識にものぼらないようなあり方で存在することのすばらしさ。人のあり方もこんなあり方こそ、最高のあり方といえましょう。

もっとも大切なものでありながら、その存在をまったく感じさせない、自己主張なし、つまり無我なるあり方のすばらしさを、水や空気のあり方に見出《みいだ》し、人のあり方の究極の姿をそこに見る思いがすることです。

もっとも大事なのに、誰の意識にものぼらないような生き方

「私」という我の氷を溶かし、水のようにしなやかに、さらさらと流れるように生きてみませんか。

第三章

変えてゆくことができる

地獄・極楽は自分の心一つに開いてゆく世界

ある夏の一日、金沢の近郊、松任《まっとう》の本誓寺《ほんせいじ》さまへお話しに行きました。本誓寺さまは浄土真宗のお寺ですが、参上してみたら千年の歴史を持つ古刹《こさつ》でした。

日本の仏教の歩みを概観するに、黎明期《れいめいき》は奈良朝で約千五百年前。法隆寺、東大寺、薬師寺などの、法相宗《ほっそうしゅう》、華厳宗《けごんしゅう》などがそれです。次は伝教大師《でんぎょうだいし》、弘法《こうぼう》大師が活躍された平安朝で約千年。比叡山《ひえいざん》・高野山《こうやさん》を本山とする天台宗、真言宗。下って鎌倉時代、親鸞聖人、日蓮上人、道元禅師などによる、浄土、日蓮、禅三派で、八百年前後。親鸞聖人は法然《ほうねん》上人の弟子で、八百年前後の鎌倉仏教のはず。それが千年の歴史を持つということは、もと天台宗か真言宗であった証拠です。私はお質ねしました。

「御当山はお古いんですね。もと天台宗か真言宗であったのですか?」

ご住職の松本梶丸《まつもとかじまる》先生が答えられました。

「もともとは比叡山末の天台宗の名刹でありました。それが、親鸞聖人が越後《えちご》に流される途中、手取川《てどりがわ》が氾濫して足止めを食い、しばらくこの寺に滞在されました。その親鸞さまのお人柄にほれこんで、天台宗から浄土真宗に改宗したと伝えられております」

深い感動の中に、私はこの話を聞きました。一般的にいえば、受け入れ側としては流罪人だから歓迎したくない客。行くほうとしては流罪地だからよいところではないはず。親鸞さまほどの方になると、そんなことはどうでもよいのです。その方の行くところ、とどまるところが楽土になる、お浄土になる。そういうことであったな、と気づかせていただくことができました。相田みつをさんの詩に、

あなたがそこに/ただいるだけで

その場の空気が／あかるくなる
あなたがそこに／ただいるだけで
みんなのこころが／やすらぐ
そんな／あなたにわたしもなりたい

というのがあります。その方がそこに一緒にいてくださるというだけで、その方のお姿を見たというだけで、その場の空気があかるくなったり、あたたかくなったり、その場に居あわせた人々の心を安らかにしたりする人がおられるものです。親鸞さまはそういうお方であったのでしょう。

反対に、その方が部屋へ入ってきただけで、部屋の空気が暗くなる。その方の声を聞いたり、顔を見ただけでイライラしてくる。そんなお方もあるものです。思うに地獄、極楽は向こうにあるのではなく、私の心一つ、生き方一つで自ら展開してゆくものであったということに気づきました。

村の中に　森の中に
はた海に　はた陸《おか》に
こころあるもの　住みとどまらんに
なべてみな　楽土なり

『法句経』

とお釈迦さまは説いておられます。行く先々がうまくいかないのは、原因が向こうにあるのではなく、私自身の心の持ち方、生き方にあったのだな、と気づかせていただかねばならないと思ったことです。

行く先々でうまくいかないのは、自分のせい

一緒にいるだけで、場があかるくなる人と
暗くなる人がいます。

過去を生かすも、未来を開くも、今の生き方で決まる

千年の歴史を持つ松任の本誓寺さまには、たくさんの宝物《ほうもつ》が伝えられており、七月の初め、それらの宝物が一般に公開されます。その宝物を拝観しながら、数日にわたっての聞法の会が開かれ、数回にわたって私もお話に参上しました。その折拝見した宝物の一つに、石田幽汀《いしだゆうてい》という人の画《か》いた幽霊の絵がありました。

日本の幽霊は、若い女の、恨めしい目をした姿と、相場が決まっているようです。その絵も、髪をふり乱した、恨めしい目の若い女の姿でした。その絵を前にして、住職の松本梶丸先生が、〝幽霊には三つの特徴がある〟という話をしてくださいました。

一つめは、おどろ髪をうしろへ長くひいているということ。二つめは、両手を

前へ出しているということ。三つめは、足がないということ。これにはそれぞれ意味があるそうです。

おどろ髪を長くひいているというのは、済んでしまってどうにもならない過去のマイナスを、いつまでもぐずぐずとひきずりつづける。反省するというのと心の荷物としてひきずるというのは違います。反省はしなくてはなりません。しかし、どうにもならないことをいつまでもひきずりつづけ、心がうしろにばかりとらわれている。これをおどろ髪を長くひくという形であらわしているのだといいます。

二つめの両手を前へ出しているというのは、くるかこないかわからない未来を取り越し苦労して、こうなったらどうしよう、ああなったらどうしようと、生きる姿勢が前のめりになっている姿をいうのだそうです。

三つめの足がないというのは、生きるということは、今、ここの一瞬でしかありません。今といったときはすでにその今は過去になっています。そのとらえようもない今この一瞬というときにのせられて生命は存在します。その一瞬を、心が過去へ、未来へと飛んでしまい、あるいは、今ここに居ながら、心があの人やこの人のところへ、または東京へ名古屋へと飛んでしまい、今ここを限りなく取りにがしつづけているありさまを、足がないという姿であらわすのだといいます。

なるほど、幽霊はほかならぬ私であったなと気づかせていただいたことです。われわれの生きる姿勢をふり返ってみましょう。過去がマイナスだと、いつまでも心の荷物としてひきずりつづけ、今が立ちあがれません。逆に過去がよくて今が悪いと、過去の栄光を持ってきて今を飾ろうとします。また未来を開くも閉じるも今日只今の生き方にかかっているのに、未来にばかり重心がいって一喜一憂し、今ここの足もとが浮いてしまっています。

気に入ったことは追いかけ、気に入らないことは逃げ、思うようにゆくとのぼせあがり、思うようにゆかないと落ちこみ、あるいは助けを求めてキョロキョロする。姿勢がつねに崩れております。

前後裁断して今日只今に取り組む。今ここがわが心にかなうとかなわいとにかかわらず、そこを正念場として姿勢を正す。

過去を生かすも殺すも、未来を開くも閉じるも、今日只今の生き方にかかっていることを忘れずに生きて参りたいものです。

過去をひきずり、未来に重心を傾けていないか？

気に入らないことから逃げ、思うようにいかないことに落ちこむのでなく、今ここを正念場として受け止めましょう。

闇から光へ、人生を転じる

京都駅で拾ったタクシーの運転手が語りかけてきました。「ご出家さんですね。お話をさせていただいてもよろしゅうございますか」と。「どうぞ」と私は答えました。

「私は高校三年生の三学期に両親を一緒に亡くしました。町会で河豚《ふぐ》を食べに行き、その毒にあたって一晩で亡くなりました。いつもなら母親が早く起きてお弁当を作ってくださるはずなのに、いつまで経っても音一つしないので、〝おかしいなあ？〟と思って、両親の部屋の戸を開けてみました。二人ともさんざん苦しんだあとを止《とど》めて息が絶えておりました。

驚いて電話に走り、親戚の者が駆けつけて葬式は出してくれました。借金はありませんでしたが、一銭の貯えもありませんでした。私の下に五歳の妹がおりました。父が出征しておりましたから、年はなれて妹ができた訳です。高校三年の私と五歳の妹では家賃がとりたてられないであろうというので、家主が追い出した。私は五歳の妹を連れ、最小限度の荷物を持ち、安い六畳一部屋を借りて出ました。

両親に代わって妹を育てなきゃならないと思って、私は夢中になって働きました。朝は新聞配達、昼は勤め、夜はアルバイトと目茶苦茶働いて、二十二、三歳のときには、安いアパートを買うほどの金は作りました。

その間、私は働くことしか考えていませんでしたから、洗濯も炊事も掃除も何もしませんでした。五歳の妹がしたことになります。妹に勉強机の一つも買ってやりたかったのですが、六畳一部屋に食卓と勉強机と二つおくと寝るところがなくなるから、妹はかわいそうだけれど食卓を勉強机に兼ねてもらいました。狭い家で育ったから妹は整理の名人になり、今大きな家にご縁をいただいておりますが、きれいに整頓されております。

考えてみましたら私なんか、もし両親が元気でいてくれたら、今ごろ暴走族か突っ張り族か、ろくな人間にしかなっていなかったと思います。もし両親が死んでくれても、金を残してくれたら今の私はなく、また妹がいなかったら淋しくてぐれていたでしょう。両親はいない、金はない、幼い妹がいる。私は本気にならざるを得ませんでした。私を本気にしてくれ、一人前の大人にしてくれ、男にしてくれたのは、両親が死んでくれたお蔭、金を残してくれなかったお蔭、家主が追い出してくれたお蔭、幼い妹をつけてくれたお蔭と思い、毎日両親の位牌《いはい》に感謝の線香をあげております。何もかも私を一人前の大人にするためのおはからいと感謝しております。

ただ一つ、妹がよいご縁をいただいて花嫁衣装を着たときは泣けました。両親に見せたかった。それで私は一つだけ頼んでいることがあるのです。〝自分の子供が一人前になるまでは生命《いのち》くださいと」

わずか三十分ほどの間の話でしたが、どんな立派な方の話よりもすばらしい話を聞くことができ、心から「ありがとう」といって車を降りました。

お釈迦さまは、この世の中には四種類の人がある、と説かれました。「闇から闇へゆく人、闇から光へゆく人、光から闇へゆく人、光から光へゆく人」と。人生の幸、不幸を、光とか闇という言葉で表現することができるでしょう。一般的にいって闇としか思えないことを、両親が死んでくれたお蔭、金を残してくれなかったお蔭、家主が追い出してくれたお蔭、幼い妹をつけてくれたお蔭で、本気になれた、一人前の大人になれたと、全部「幸い」と受けとめ、光へと転じているよい例といえましょう。

この四種類の人の話から二つの教えを学ぶことができる、と、唯識学の泰斗の太田久紀先生は語ります。一つは「人生、変えてゆくことができる」ということ。ただし闇から光へと変えるはよいが、光から闇へは変えたくありません。

二つめは「変えてゆく主人公は私であり、その私の今日只今をどう生きるかにかかる」ということです。親子、兄弟、夫婦、どこかに代わってもらえるような甘えがありますが、人生は絶対に代わってもらうことも助けてもらうこともできません。私の人生をどう築きあげてゆくか、どう変えてゆくかの主人公は私でしかないのです。心して自分の人生を光あるものへと転じてゆきたいと思います。

私の人生の主人公は私

つらいことがあっても、それをバネにして、
光の世界へ歩み出すことができます。

愛語が世界を変える

「ワシャアしょうもない男でしてなあ」

走り出すと同時にタクシーの運転手が語りかけてきました。

「稼いだ金は全部マージャンなどの遊びに使ってしまい、一銭も家には入れない。女房は一言も文句をいわずに『お父さんの稼いだお金だから、ご自由にお使いください』といい、子供は女房が一生懸命働いて、立派に教育してくれました。女房は器量が悪いので、どこかへ行くときは『うしろから離れてついてこい』などといって、ひどい亭主でした。自分で稼いだ金だけでは足りなくて、女房に『借せろ（名古屋弁で「借せ」の意）』とまでいいましてね。あるとき、女房に『金を借せろ』といいました。女房が『まあ、お父さん、お茶でも飲みましょう』

といってパイナップルの缶詰を持ち出してきたのです。〝金を借せろというのに何がお茶だ〟と思っていました。

女房が缶詰をあけたら、中に百円玉や五百円玉がいっぱい詰まっていましてネ。『お父さん、少しずつ少しずつ貯金したものです。今これっきりないですが、よかったらこれを使ってください』というんです。私は頭をぶんなぐられる思いがしましてネ。すまなかった！　とほんとにあやまりました。

それから私の人生観は百八十度変わりました。せめてもの罪ほろぼしの思いで、月に一度、女房と女房の親しくしている友達とを車に乗せて、女房の好きな温泉めぐりをしておりますんですよ」

私はしみじみと、道元禅師の「愛語よく廻天《かいてん》の力あることを学《がく》すべきなり」のお言葉の実例をまのあたりに見聞する思いで、運転手に礼をいって降りたことでした。

「廻天の力」というのは天子さえも方向転換させる力、ということです。「綸言《りんげん》汗の如《ごと》し」といって、天子が一度いい出したことは、たとえそれが道にかなわないことであっても、「ごもっとも」と通さねばならない。一度出た汗はひっこめることができないように。その天子の心さえも、方向転換させる力を持っているのが、愛語だというのです。

中国・唐の名君の誉れ高い太宗《たいそう》にこんな話が伝えられています。あるとき、太宗が洛陽宮《らくようきゆう》を修復しようといい出しました。皇帝が何か事業をしようとすると、多くの民衆がかり出される。たまたま農繁期であったのでしょう。今かり出されたら農民は困ります。民衆を困らせることは皇帝にとってもよいことではない。そこで諫議《かんぎ》という皇帝のご意見番の張玄素《ちようげんそ》が「今はそのときではない」と真心を傾けて進言しました。太宗はこの忠言を是《ぜ》として受け入れ、宮殿の修復をとりやめた。功臣の魏徴《ぎちよう》が「張、公事を論ずるに廻天の力あり」と讃歎《さんたん》の言葉を惜しまなかったといいます。

道元禅師はこの魏徴の言葉と共に、さらに別のところで「明主に非《あら》ざるよりは忠言を容《い》るることなし」の一句を添えておられます。とかく後輩とか弟子や子供に非を指摘されると、先輩とか師匠や親の面子《メンツ》にかかわるような気がして、素直に受け入れられないものです。大切なことは、そのことが道理にかなっているか否かなのであり、道理にかなったことならば、相手が誰であろうとそれにしたがう。それがあるべき姿でしょう。しかしそれができるのは明君であればこそ、というのです。

愛語ということで思いおこすことがあります。インドにマザー・テレサを訪ねたときのこと。路上生活者たちに炊き出しをする。一人ひとりにパンとスープを手渡すのですが、マザーはシスターたちに三つのことを、その度にたしかめたといいます。

「あなたたちは、受けとる一人ひとりにほほえみかけたでしょうね。ちょっと手を触れて、ぬくもりを伝えましたか。短い言葉がけを忘れはしなかったでしょうね」と。

ほほえみかける。いつくしみの眼と顔で。仏教ではこれを慈眼施《じげんせ》、和顔施《わげんせ》といいます。そっと手を触れてぬくもりを伝える。心のぬくもりを肌を通して伝える、心慮施《しんりよせ》といえましょう。一言でよい、愛の言葉がけを、愛語施です。

それらはすべて深い愛の心、慈悲の心のあらわれで、それが人々の心を安らかにし、あるいは萎えた心を立ちあがらせ、あるいは百八十度方向転換させる力を持っているというのです。心して愛語の、愛心の配達者になれたらと、念ずることです。

道理にかなったことならば、
相手が誰であろうとしたがう

深い愛の心から出た言葉は、人々を安らかにし、
方向転換させせる力を持っています。

第四章

よき師を択び、道の友とゆく

正しい師匠に出会えないなら、学ばないほうがよい

参禅会のあと、一人の青年が残りました。

「孤独な学問の淋しさに堪《た》えかね、A氏を正師《せいし》と見あやまって入信してしまいました。択ぶ目のなかった私にあやまりがございました。いちはやくその教祖のいっていることのまちがいに気づき、出て参りました。宗教的無知な中に入ってしまったまちがったものの見方を訂正するのに必死です。教えてください！」

大学で宇宙物理学を専攻しているという優秀な青年の、血を吐くような叫びでありました。夜の十時すぎ、（夜の十時までが講義ゆえ）しんしんと更けゆく夜のしじまを、必死な青年のまなざしを見ながら、私は語りました。

「道元禅師のお言葉に『正師を得ざれば学ばざるにしかず』（『学道用心集《がくどうようじんしゅう》』）と

いうのがあります。人生の正しい師匠を得ることができなかったら、むしろ学ばないほうがよい、とおっしゃり、師と学人の関係を大工と材木にたとえて示されました。たとえ材料がどんなによくても、腕のない、目のない大工に出会ったら台なしにされるだろう。たとえ材料が曲がっていたり節があっても、目のある、腕のある大工なら、その曲がりを生かし、節を生かしてくれるだろう。だから人生の正しい師匠に出会えなかったら、むしろ学ばないほうがよい、とまでおおせられております。

茅《かや》をつかみそこぬれば
その手を傷つくるがごとく
あやまれる求道は破滅に導く
『法句経』

これはお釈迦さまのお言葉です。私は若い頃、よく山へわらび狩りやきのこ狩りに行きました。足をすべらせてころびそうになったとき、不用意につかんだ草が、茅やすすきだったら手を切るように、人生の旅路でころびそうになったとき、つかんだ教えがまちがっていたら、一生を台なしにしてしまいます。

ところが問題は、正師か正師でないかを択ぶのは、択ぶ目のない学人のほうにあるということです。『ころばぬ先の杖』という言葉がありますが、日頃から『ほんとうの宗教とは何か』『正しい信とは何か』を、心して学んでおかねばなりませんでしょうね」と。

「信は心をして澄浄《ちょうじょう》ならしむ」(『倶舎論《くしゃろん》』)という言葉があります。よく「鰯《いわし》の頭も信心から」などといわれます。たしかに「病は気から」といわれる一面があり、その気を病むという部分は、この種の信によっても立ち直ることはできましょう。しかし、冷厳な智慧の裏打ちのない、いわゆる盲信《もうしん》は、迷いを深めるだけで解決にはなりません。

ほんとうの信は、鰯は鰯と見られることです。のぼせあがることではなく、のぼせが下がることです。その人に、その教えに、その宗教に酔っぱらうことではなく、徹底的に真と偽を、是と非を見分け、択び分けた末に、まちがいなしとそこに落ちつく、澄み浄《きよ》まることです。冷厳な智慧を裏打ちとしての信であることを忘れてはなりません。

何が真か、何が是か、立場が変わると是非が逆転するようなのは、ほんとうの真でも是でもない。たとえそれが神の名のもとに叫ばれようと。ときと所を超えて変わらぬものこそ、ほんとうの真であることを忘れてはなりません。

腕のある大工は
節のある木材も上手に生かす

人生の旅路でころびそうになったとき、
つかんだ教えがまちがっていたら、
一生は台なしになってしまいます。

自分のみに向けていた眼を他に向ける

お釈迦さまがご在世の頃、コーサラ国の王はハシノク王、妃《きさき》は末利《マリ》夫人。共に深くお釈迦さまに帰依《きえ》しておられました。ある日、王は自分の心の中を深く深く見つめながら、妃に語りかけられました。

王「妃よ、世の中で、自分よりも愛しいと思うものがあるか」

妃「王よ、私には、この世に、自分よりも愛しいと思われるものはありません」

王「そうか。妃よ、私にもそうとしか思えない」

普通なら「私よりあなたを愛する」「自分よりわが子を愛する」というでありましょう。しかしいざというところへ追いこまれたとき、人はまず自分を守ろうとします。意識にものぼらない深さにおいて、人はつねにわが身を愛し、執しつづけております。そういう本能ともいうべき我執、我愛に気づいているというのは、王夫妻がいかに深くお釈迦さまの教えを聞き、その光に照らされているかということの証《あか》しといえましょう。

しかし慈悲を説かれるお釈迦さまのお心にそむくような気がして、二人は祇園《ぎおん》精舎《しょうじゃ》を訪ね、お釈迦さまにそのことを申し上げました。二人の話に耳を傾けておられたお釈迦さまは次のような言葉でお答えくださいました。

人のおもいは、いずこへもゆくことができる。
されど、いずこへおもむこうとも、
人は、おのれより愛しいものを見い出すことはできぬ。それと同じく、
他の人々にも、自己はこの上もなく愛しい。
されば、
おのれの愛しいことを知るものは、

他のものを害してはならぬ　　　　　　　　『相応部経典』

まずは、お釈迦さまは、「いずこへおもむこうとも、人は、おのれより愛しいものを見い出すことはできぬ」と、本能ともいうべきわが身かわいい思いをごまかさず見すえよ、とおおせられます。これが基本だとおっしゃいます。いつ いかなるときも執念深く自分を愛しつづける。何をするにも、考えるにも、気づかないほどの深さにおいて、自分にとって都合がいいか悪いか、自分にとって好きか嫌いかの心が、どまん中に居すわり、働きかけつづけています。そういう赤裸々《せきらら》な自分をしっかりと見つめよとおおせられています。

このことは同時に、このわが身かわいい思いが満たされなかったときの悲しみ、あるいは傷つけられたときの苦しみを、ごまかさず見つめよ、とおおせなのです。これが第一段階です。

次にお釈迦さまは第二段階として、「それと同じく、他の人々にも、自己はこの上もなく愛しい」と説かれます。つまりわが身かわいい、その切なる願いや、その思いの満たされない悲しみのどん底で、百八十度方向転換して、わが身にのみ向けていた眼を他に転じてみよ、とおおせられるのです。私がこんなに自分がかわいいように、あの人もこの人も自分が誰よりもかわいいんだ、私がこんなに無視され、傷つけられて悲しいように、あの人もこの人もつらく悲しいんだとわが身にひき比べて、他の人々の喜びや悲しみをわがことと受けとめよ、とおおせられています。

われわれはこのわが身かわいい思いのどん底での百八十度の方向転換ができず、うまくゆくとのぼせあがり、うまくゆかないと七顛八倒し、ときにあばれたり仕返しをしたりします。マス・コミをにぎわしている事件の多くはこの類いといえましょう。

お釈迦さまは、そこをがたがたせず、冷静に見すえよ、そしてその底で、眼を他に転ぜよとおおせられます。

そして最後、第三段階「されば、おのれの愛しいことを知るものは、他のものを害してはならぬ」と結ばれます。我愛の極限において百八十度の方向転換をし、自分を愛するように他を愛してゆけ、自分が傷つけられたくないように他を傷つけるな、と転換されるのです。

仏教の二千五百年の歴史の中で、血は流されていません。それは「不害」の歴史であり、「慈悲」の歴史だからです。しかもその「慈悲」が、きれいごとではなく、熾烈《しれつ》な本能ともいうべき利己性、我愛が、そのどん底において転じたものであることを、したがってゆるぎないものであることを、心にとどめおきたいと思うことです。

自分が傷つけられたくないように、相手も傷つけるな

無視され、傷つけられたら悲しくなります。
自分を愛するように、相手を愛しましょう。

師を択び、師につく姿勢

お釈迦さまの弟子の一人、ヴァッカリが、老齢と病とが重なり、余命いくばくもないという日、今生《こんじょう》にもう一度お釈迦さまのお姿を拝して死にたいと切に願いました。その心情をあわれに思った法友が、お釈迦さまにそのことをお伝えし、お願いしました。

お釈迦さまは快く願いを聞き入れられ、ヴァッカリの枕元まで足を運ばれて、ねんごろにヴァッカリを見舞われた後、こうおおせられたのです。

「ヴァッカリよ、この老いさらばえた私の姿を見ても仕方がない。法を観《み》る者は吾《われ》を観る。吾を観る者は法を観る」

「業相を見るな、法を見よ」というのです。お釈迦さまはどこまでも「法を拠り所とせよ、人を拠り所とするな」と繰り返し諭しておられます。

沢木興道老師がよくおっしゃった言葉に、「犬的信者でも猫的信者でもいけない」というのがあります。人につくのを犬的信者といい、人より、立派な伽藍《がらん》とか肩書きのある人につくのを猫的信者という。猫は家につくから。そのどちらでもなく、法につかねばならないと教えられます。

道元禅師は一方では「正師を得ざれば学ばざるにしかず」とおおせられ、一方では〝正師は人ではない、法である〟と示され、更に、その師につく弟子の姿勢については、たとえば、師匠が「仏はガマ、ミミズ」といわれたら、自分が今まで考えていた仏の考え方を全部捨てて、ガマ、ミミズを仏といただきなさい。白を黒といわれたら、そのまま黒とちょうだいしろとおっしゃる。まったく自分を捨て切ってつききることが大切だと示されます。

親鸞聖人が法然上人についた姿勢は、「たとひ法然上人にすかされまひらせて、念仏して地獄におちたりとも、さらに後悔すべからずさふらふ」。念仏が極楽へ行く道であるか、地獄へ行く手だてなのか、そんなことはどっちでもいいんだという〝無条件の無私〟の姿がそこにあります。

極楽へ行きたいからの念仏でもない。地獄をのがれたいための念仏でもない。「よき人にすかされまひらせて、念仏して」地獄へおちても悔いはない。師匠の言うことを無条件に受け入れて、ただひたすら行ずるのみという、徹底的な信。まかせ切り、信じ切ってついていく。これが弟子のとるべき姿勢だというのです。かといって、人気歌手や人気役者にのぼせあがってついてゆく、いわゆる犬的信者ではなく、了々と醒《さ》めてつききれというのです。

いずれも不完全な人間同志。人を見、その人を終着点としての歩みならば、ついにその人を超えることはできません。よく〝お釈迦さまや道元禅師に帰れ〟という言葉を聞きますが、そうではなく、お釈迦さまのめざされたところ、道元禅師のめざされたところをめざすのでなければ、「法を師とせよ」のお心にそむくことになりはしないか。ただし法を正しくいただくために正師を択ばねばならないということでありましょう。「正師を択び」「正師につく」ことの背景の深さを思うことです。

醒めて、しかもまかせ切り、信じ切ってついていく

正しい師を択んだら、無条件に受け入れて、同じ高みをめざすのが弟子です。

場が人を作り、人が場を作る

「火鉢の冷たい灰の中に小さい火種をばらまいたら、火種はたちまち消えてしまう。小さい火でも一ヵ所に集めれば、家を焼くほどの大きな火力ともなる。ちょうどそのように、誰しもが一分の道心は持っている。それを世間の荒波の中に一つひとつばらまくと消えてしまう。つとめて道の友を求め、道の友と共にあることによって、足弱き者も何とか修行の道を進めることができる」

これは若き日、沢木興道老師からいただいた言葉であり、まさにその通りと、深く自誡《じかい》の言葉として、修行道場に身をおきつづけること五十年余。足弱く怠け者の私が、何とかここまでくることができたのは、限りない多くのよき師の導きと道の友、雲水たちのお蔭と感謝の毎日です。

「修行は衆力による」といい、また「大衆威神力《だいしゆいじんりき》」という言葉の示す通り、一人では自分に負けて退転してしまうことも、道を同じくする者たちの中にいると、それほどに苦労せずして、自分の力以上のことができることは確かです。

朝四時から夜の九時まで、十四時間ぶっ通しの坐禅を三日間ないし五日間、毎月初めに摂心《せつしん》といって坐ります。一人ではとても一日も坐れませんが、大勢のお蔭で坐り通せる。まさに「大衆威神力」です。

しかし、一つ視点を変えて、一人の人がいることで、その場の雰囲気が、環境が一変するということも忘れてはならないと思います。

いつもあかるく、あたたかくほほえみを忘れない人が一人いると、その周辺は、その家庭はつねにあかるく、あたたかく、たのしい雰囲気に包まれているでしょうし、そこで育った子供たちもおのずからあかるく素直な、よい子が育つでありましょう。つねに暗く、イライラしていて、不平不満ばかりという人が一人いると、その家庭全体はいつも暗く、争いも絶えない。そんな中で育った子供は、落ちつきもなく、ものごとを素直に受けとめることもできず、何となく暗い人生を歩まねばならなくなってしまうでありましょう。

道元禅師は『正法眼蔵随聞記《しょうぼうげんぞうずいもんき》』の中で、「国に賢者一人出《い》で来たれば其《そ》の国興《おこ》る。愚人一人出で来たれば先賢のあと廃《すた》るるなり」とおっしゃって、一人を大切にされました。私もよくいいます。「お釈迦さまお一人から始まった仏教じゃないか」と。一人が本気になって火をかかげる。一人から一人へと火の輪は広がるでありましょう。お釈迦さまがともされた火が二千五百年後の今日、世界中を照らす光明となっているように。

太陽は
夜が明けるのを待って
昇るのではない

太陽が昇るから
夜が明けるのだ

これは教育に生涯をかけられた東井義雄先生の詩です。「場が人を作る」と、場の責任にのみ転嫁せず、「私が環境を変えてゆこう」「私が世界を変えてゆこう」「私から始める」の誓願のもとに歩むことの大切さも、あわせて思うことです。

一人が本気になって火をかかげれば、やがて輪となって広がっていく

仲間がいるから、つづけていけます。
けれども、「私が始める」という気持ちがないとスタートすることはできません。

過去をひきずらず、今どう生きるかだけを問え

「祇園精舎の鐘の声、諸行無常《しょぎょうむじょう》の響きあり。沙羅双樹《さらそうじゅ》の花の色、盛者必衰《じょうしゃひっすい》の理《ことわり》をあらわす」の、『平家物語』の冒頭のあまりにも有名な一句で、日本人に親しまれている祇園精舎の遺跡を、初冬のある日、久々に訪ねることができました。みごとに整備された広大な遺跡で報恩の回向《えこう》をし、近くにあるアングリマーラの塔に詣《もう》でました。

お釈迦さまの前にひれ伏して懺悔《さんげ》し、弟子入りを乞うアングリマーラの姿が、幻のように眼前に展開する思いで、仏跡巡拝の一行に語りました。

アングリマーラは優秀なバラモンの青年でした。師のバラモンが遠国へ赴いている留守の間、師の妻が若きアングリマーラを誘惑しようとし、真面目なアング

リマーラはそれをことわった。ことわられた妻は恨みに思い、帰ってきた夫のバラモンに、留守中にアングリマーラに犯された、と訴えたのです。

師のバラモンはアングリマーラに「お前の修行はほとんど完成した。ただ一つ残っている。それは百人の人を殺し、その指で首飾りを作ることだ」と命じました。悩みに悩んだ末、師の命令にそむくわけにはいかないと、アングリマーラは、殺人鬼となり、夜な夜な辻に出て人を殺し、その指で首飾りを作りました。アングリマーラ、つまり指鬘外道《しまんげどう》と呼ばれるゆえんです。

コーサラ国の人々は恐れおののき、兇賊《きょうぞく》が出るというほうへは誰も行かなくなり、行かねばならないときは十人、二十人と隊を組んでしか行かなくなりました。そのことを伝え聞いたお釈迦さまは、ある日、兇賊の住むというほうに向かわれた。人々の止めるのも聞かず、歩を進められました。

アングリマーラは久々によき獲物とばかり、お釈迦さまのあとを尾行するのですが、どうしたことか、いくら足を早めても、悠然と歩いておられるお釈迦さまに近づくことができません。ついにいらだって、アングリマーラは、「沙門《しゃもん》よ！　足をとどめよ！」と叫びました。

足をとどめてふり返られたお釈迦さまは、しずかに呼びかけられました。

「私はとどめている。アングリマーラよ、汝《なんじ》もとどめるがよい」

その言葉がふしぎな力を持ってアングリマーラの心をゆさぶりました。「悪をとどめよ！」とひびいたのです。アングリマーラは思わずその場にひれ伏し、乞うてお釈迦さまの弟子となりました。

あるものは、杖をもてただす。
また鉤《かぎ》をもて、鞭をもてただす。
仏陀《ぶつだ》は刀杖《とうじょう》をもちゆることなく
われを　調伏《ちょうぶく》したまえり。

後に述懐したアングリマーラの偈《げ》です。

仏弟子となったアングリマーラは、翌日から他の弟子たちと托鉢《たくはつ》に出なければなりません。人々は恐れて土や石を投げつけた。アングリマーラは血だらけになり、法衣も破られ、応量器は空鉢のまま、という日がつづきました。お釈迦さまはしみじみと語られました。

「アングリマーラよ、忍受しなければならぬ。汝は今、かつて犯した悪業をつぐなっているのだよ」

更に偈をもってはげまされました。

かつておのれの犯した悪業を、
いまや善業をもっておおう人は、
あたかも雲間を出でし月のように、
この世を照らすであろう。

『雑阿含経』

このアングリマーラの話からいくつかの声が聞こえてきます。

第一には、「今までの人生がたとえ悪の限りを尽くしたものであっても、あきらめるな、出なおすことができる」という声です。

第二は、とかくわれわれは自分の人生においても他人の人生においても、いつまでも過去のマイナスをひきずりがちです。過去をひきずらず、とがめず、どこまでも「今、どんな生き方をしているか」だけを問え、というのです。

第三は、逆に過去にどんなに修行しても、あるいは善人といわれるような人生を歩んできた人でも、心の手綱をゆるめてはならない。悪条件をそろえられたら、いかに修行ができていると思われる人であっても、どんな悪をもやりかねない可能性があるのだから、つねに心をひきしめてゆけ、ということです。修行は、同時に生きるということはつねに現在進行形、〝今、どうじゃ！〟と自らに問い、姿勢を正しつづけて生きたいと思います。

あきらめるな、出なおすことができる

どんな人生も見なおし、出なおすことができます。
逆に、どんな立派な人生も、
気を抜くと悪の道にそれてしまいます。

第五章

ほんとうの幸せとは

持ち物に目をうばわれず、持ち主である私の生き方を正す

人生は「幸せを求めての旅」といってもよい一面があるでしょう。何を幸せとするか。択ぶ眼の深さ、高さで、その人の人生は決まるといってもよいのではないでしょうか。

お釈迦さまがご在世の頃の話です。ビンズル尊者とウダエン王は幼なじみでした。一方はすべてを捨てて出家をされ、お釈迦さまのお弟子となり、ご修行の末、ビンズル尊者と呼ばれるような聖者となられました。一方はいくつかの国を征服して、ならびなき大王になられたのです。

あるとき、ビンズル尊者が故郷のコーサミーを訪れ、林中で坐禅をしていると いうことを伝え聞いたウダエン王は、多くの家来や女官をしたがえ、美々しく王

としての装いをととのえて尊者を訪ね、こういいました。

「私は今、諸国を征服して、その威徳の盛んなことは天日のごとくである。頭には天冠をいただき、身には瓔珞《ようらく》をまとい、多くの美女たちも左右にかしずいている。どうだ、羨《うらや》ましくないか」

尊者はたった一言、「吾《われ》に羨心《せんしん》なし」と答えられました。「ちっとも羨ましくないよ」というのです。ビンズル尊者とウダエン王と、幸せの中味が大きく違っていることに気づきます。

ルソーは『エミール』の中で、

「人間は誰でも、王者であろうと貴族であろうと大富豪であろうと、生まれる時には裸で貧しく生まれて来、そして死ぬ時にも、裸で貧しく死んでゆかねばならない。

このしばらくの中間を、さまざまな着物を着る。女王のような華やかな着物、乞食《こじき》という衣装、僧服、金持ち、社長、美人、さらには主義とか自惚《うぬぼ》れとか劣等感とか。すべて衣装。ほとんどの人がこの衣装にばかり目を奪われて一生を終わる。すべてを脱ぎ捨てて裸の私自身をどうするかを、まったく忘れてしまっている」と語っています。

裸で生まれて、裸で死んでゆく。そのしばらくの間、小さいときはガラガラの玩具ぐらいで満足していたものが、成人するほどに自動車がほしくなり、異性がほしくなり、金がほしくなり、名誉がほしくなる……。年齢と共にほしくなるものが変わり、手に入れたといって酔っぱらい、のぼせあがり、失ったといって落ちこんだりしながら一生を終えてゆきます。着がえてゆく衣装、持ちかえてゆく持ち物にばかり心うばわれ、持ち主である私、衣装の着手である私自身の、それも今日只今をどう生きたらよいか、などということは思いつきもしないままに。

北海道の浄土真宗のお寺の奥さまで、癌の転々移のために、四十七歳の若さで逝った鈴木章子《あやこ》さんの言葉に耳を傾けてみましょう。

「病院で気づかされたことは、お金も、肩書きも地位も、何も役に立たないということでした。ベッドに横になった、まるごと人間がそこにいるだけです。そしてその人間の心の中に、何が詰まっているかということが一番問題なんだということが、はっきりわかりました」

大統領とか大学教授とかいう肩書きを持ち出せば癌は遠慮してくれますか？　そんなことはありません。金を山と積めば死は遠慮してくれますか？　そんなことはありません。いかなる名誉も財産も病や死の前には、まったくの無力であることが思い知らされたのです。名誉や財産を手に入れることができたことへの酔いは、死の宣告の前にたちまち醒め、うたかたのように色あせ、消え去ってしまうのです。

章子さんはさらに語ります。

「四十六年間、健康であったばかりに、気づかず、見えず、聞こえず、心もそらに過ごしてきてしまったが、癌をいただいたお蔭で、一刻一刻が、一度一度の出会いが、こんなにもまぶしく、こんなにも得がたいものとして深い喜びと共に迎えさせてもらうことができました」と。

ウダエン王が幸せと思い、酔っぱらい、のぼせあがっている中味は、財産や名誉などのいわゆる持ち物にすぎないのであり、いざというときおいていくものばかり。ビンズル尊者はそういう持ち物への酔いが醒めていたからこそ、「吾に羨心なし」とさわやかに答えることができたのです。ほんとうの幸せとは、癌さえも「お蔭」といただけるような心のあり方、生き方ができるようになることではないでしょうか。

名誉も財産も
病気や死の前には無力になる

いざというときにおいていかなければならないものを、
羨ましがる必要はありません。

いかなる条件の中にあっても色あせることのない幸せを求めて

ある日、お釈迦さまがお話をしておられるとき、アヌルダがふと居眠りをしました。お話が終わってからお釈迦さまはアヌルダをお呼びになり、厳しくお叱りになりました。大切なご説法のときに眠るとは、真剣味が足らないということです。アヌルダは心から申し訳ないと思ったのでしょう。それからは夜も寝ないというほどに眠りとのたたかいを始めました。しかし、生身の体の者が夜も寝ないで過ごすことができるはずがありません。無理がたたってとうとう失明をしてしまいました。

仏弟子たちは、自分の掛けるお袈裟《けさ》は、自分で縫わなければならないことになっています。目が不自由では縫うことも、針のメドに糸を通すこともできません。アヌルダは見えない目をしばだたきながら、つぶやくようにいいました。

「誰か幸せを求める人は、私のこの針のメドに糸を通してくれないだろうか」と。

このアヌルダのつぶやきを誰よりも早く耳にして「どれ、私が通させてもらいましょう」と側《そば》へ寄ってくださったのは、お釈迦さまご自身でありました。アヌルダはびっくり仰天して、思わずお質ねした。

「恐れ多いことです。お釈迦さまに針のメドを通していただくとは。しかし、お釈迦さま、お釈迦さまも幸せを求めておいでですか？」

お釈迦さまはしずかにお答えになりました。

「世間、福を求むるの人、吾に過ぎたるはなし――世の中の人はみんな幸せになりたくているけれど、私ほど真剣に幸せを求めた者はいないであろう――」

お釈迦さまは釈迦国の王子、やがて王様になることが約束されていたお方です。父君の浄飯王《じょうぼんのう》はシッダールタ太子（お釈迦さまの太子時代の名）のために、暑いときは涼しく、雨期はさわやかに、というように三時の宮殿まで建て、やがてヤソダラ姫という美しい后《きさき》までも迎えさせました。世間的には最高の幸せの絶頂におられるはずのシッダールタ太子が、そのすべてを捨て、道を求めて出家され、一介の乞食僧《こつじきそう》となって旅立たれました。かくて命をかけての六年間の御修行の末に見出された、すべての人の、最高の生き方、最後の落ちつき場所、それを説かれたのが仏教です。

お釈迦さまはお生まれになって一週間で御母マヤ夫人を亡くしておられます。三十歳を過ぎてからの高齢出産であったことや、出産のために故郷のコーリヤ国へゆく途中、ルンビニ園での小休止のおり、急に産気づいてお産みになり、産後の十分な手当てもできないまま、王宮へ引きかえさねばならないという無理が重なったためでしょう。太子を出産してわずか一週間で世を去られました。ただちに後添《のちぞ》えとして、マヤ夫人の妹のマカハジャハダイさまが輿入《こしい》れをされ、シッダールタ太子は叔母さまを筆頭に、多くの女官たちにかしずかれてお育ちになったのです。

命あるものはまちがいなく老い、病み、死んでゆきます。どんな財産もやがては借金に変わり、愛が憎しみに変わる日もあります。条件次第で色あせる幸せなどは、ほんとうの幸せではありません。いかなる条件の中にあろうと、色あせることのない幸せとは何か。それを求めての旅立ちが、シッダールタ太子の出家であり、そして見つけ出され、説きいだされた教え、それが仏教なのです。

それはどこまでも、いつか、どこかへと探しにゆくものではなく、今、ここ、私の生き方を問うものであることを忘れてはなりません。

思うに、お釈迦さまは世界で一番の大欲張りであったのではないでしょうか。私もお釈迦さまほどではありませんが、欲張りだったからこの道に入ったのだと思っています。

くれないに命もえんとみどりなす
　黒髪断ちて入りし道かも

これは十五歳でこの道に入ったときの思いを歌に託したものです。いくつもある命なら、やりなおしのできる命なら、いろいろやるのもよいでしょう。たった一度の、やりなおしのできない命なら、最高のものにかけたいと、択び抜いた道がこれであったのです。

七十年近くを一筋に歩んでも、ようやく入り口に立つ思いであり、生々世々をかけてもこの道をと、願いもあらたにしていることです。

やりなおしのできない命だから、
最高のものにかけたい

生き方はどこかへ探しにゆくものではありません。
あなたの今を見つめましょう。

欲を進歩へ、利他行へと方向づける

あるとき、お釈迦さまはガンジス河を渡っておられました。舟が朽損《きゅうそん》していたのでしょう、浸水してきました。弟子たちと共に水を汲《く》み出しながら、彼の岸に着かれたお釈迦さまは、弟子たちに語りかけられました。

比丘《びく》よ
この船より　水を汲むべし
汲まば汝の船は　軽く走らん
貪りと瞋《いか》りを断たば
爾《なんじ》は早く　涅槃《さとり》にいたらん

『法句経』

リズミカルな詩の型への和訳のため、貪りと瞋りの二つになっていますが、原典は愚痴を加えて三毒となっています。人間の限りない欲望の代表として三毒をあげています。天地の道理、その中に生かされている人の生命のありように暗いのを愚痴といい、道理に暗いがゆえに小さな自我中心のものの見方、考え方しかできず、凡夫私の心にかなうものは限りなく追い求める、それが貪りであり、その思いがかなえられないと怒り狂う、これが瞋りです。

随筆家の江原通子《ゆきこ》先生は、ご主人を戦争で亡くされ、女手一つで育てあげられた一人息子さんにも先立たれるという厳しい人生行路を歩まれました。その経験を通して、どう仏法と出会い、深めてきたかを語っておられます。江原先生がこの一句を引用されたあと、「船を浮かべる水も、沈める水も一つ」と語られた言葉を今も忘れてはいません。

一つの水を限りなく船の中へとりこんでゆくと、船を沈没させてしまいます。

同じ水を、船の外へ汲み出すと、船を浮かべ、おし進める水へと変わります。

ちょうどそのように、人間の欲がイコール悪ではありません。欲は天地から授かった大切な命のエネルギーです。そのことに気づかず、小さな自我の、ああしたい、こうしたい、たいたいたいという欲望のほうに向けたとき煩悩となります。お釈迦さまは、この煩悩の方向に向けてしまった欲に対して小欲・知足を説き、あるいは煩悩の炎にたとえて消せとか断てと説かれます。

「火について焼けず、火にそむいて凍《こご》えず、よく火を利用するごとく、人、欲を修道のほうに向けよ」と古人は説いておられます。

火はいいものだとしがみつけば火傷《やけど》をする。火は恐ろしいと遠ざければ凍える。そうではなく上手に火を利用するように、人々よ、欲を道を修める方向へ、向上へと向けよ、というのです。

さらには、天地いっぱいからの授かりの命のエネルギーだから、天地いっぱいへお返ししようと、欲を向上へ、利他行へと方向づけができた人を、誓願《せいがん》に生きる人と呼び、菩薩と呼びます。たった一度の命を、その命のエネルギーを仏さまの方向へと方向づけができた人、ということができるでしょう。

仏さまの徳をたたえる十の言葉の一つに「調御丈夫《ちょうごじょうぶ》」という言葉があります。馬を調御することのみごとな人にたとえた言葉です。暴走したり、「私が、私が」の思いを、もう一人の醒めた私がみごとに手綱さばきをしてあるべき方向へと導くことができる人、という意味であり、そういう人を大人と呼びます。仏法は大人になる宗教と呼ばれるゆえんもそこにあります。

自分が暴走しないように、手綱さばきをする

欲が悪なのではありません。
欲を上手に制御する術《すべ》を学びましょう。
さらには向上へ、利他行へと方向づけましょう。

どこにあっても、仏の大きな御手の中

生涯を愛の教育にかけられた東井義雄先生から、こんなお話を聞きました。

夜遅くに電話が入りました。こんな夜中に誰が電話をくれたかと、受話器をとってみると、男の方が切羽詰《せっぱつま》った声で、「世の中の人がみんな私を見捨てた。裏切った。生きてゆく勇気がなくなったから、今から首をつって死のうと思う。けれど、一つだけ気になることがある。南無阿弥陀仏と唱えて死んだら救ってもらえるか」というのです。

東井先生はおっしゃいました。

「待ってください。あなたの気まぐれな南無阿弥陀仏ぐらいで救われるもんですか。そんなことより、あなたはまわり中が見捨てた、裏切ったというけれど、あなた自身が自分を裏切り、見捨てて死のうとしているじゃないか。その間も、あなたを見捨てずに、呼びかけ通しに呼びかけ、働きかけ通しに働きかけていてくださる、その方のお声が聞こえないか」と。

「そんな声、どこにも聞こえやしない」という電話の主に対して、東井先生はさらにおっしゃいました。

「眠りこけている間も、あなたの心臓が働いているでしょう。死のうとしているときも、あなたの呼吸が出入りしているでしょう。死なせてなるものか、がんばって生きてくれよとあなたの心臓を働かせ、あなたの呼吸を出入りさせてくれている。その働きを仏さまというのです。そのほかのどこに仏があると思うのですか」

「勘違いをしていたようだな」とつぶやくようにいって、電話の主は電話を切りました。

眠りこけている間も、自殺しようとしているときも、腹を立てているときも、笑いころげているときも、いついかなるときも私を生かしつづけてくださっている、その働きを仏と呼びます。ときに阿弥陀如来とお呼びしたり、ビルシャナ仏とお呼びしたり、観音さまとお呼びしたり、限りないお働きの、いろいろの角度から違った名前でお呼びするけれど、たった一つの、天地いっぱいのお働きを擬人化して名をつけたまでのことです。

気づく、気づかないにかかわらず、そのお働きのどまん中に、人間ばかりではない、すべてのものがいだかれ、その働きをいただいて生老病死しているのです。

「たった一輪のスミレのために地球がまわり、風が吹き、雨が降る」

アメリカの国立公園の父と呼ばれるジョン・ミューアの言葉です。雪の山脈を六年も放浪し、天地の語る言葉を聞いた人といえましょう。一輪のスミレを咲かすために地球がまわり、太陽が照り、雨が降り、風が吹く。一輪のスミレを咲かせる背景に、天地いっぱいの働きがあります。自殺しようとして、ピストルの引き金を引こうとする、その働きさえ、天地いっぱいからいただいたものなのだというのです。

民芸運動をされた柳宗悦《やなぎむねよし》さんの言葉に「ドコトテ　ミ手ノ　マナカナル」という言葉があります。いつ、どこにあっても、仏の御手のどまん中での起き臥しであることを忘れてはなりません。

私のために、
太陽が照り、雨が降る

気づく、気づかないにかかわらず、
天地いっぱいのお働きが
あなたを生かしつづけています。

天地いっぱいに生かされている生命の尊さに気づく

信州・無量寺の庭には、仁科桜《にしなざくら》と呼ばれる枝垂《しだ》れ桜が、樹齢三百年余の風雪に堪え、めぐりくる春ごとに美しい花を咲かせ、人々をたのしませてくれています。伝えによると、中世から江戸期にかけて、信濃国《しなののくに》安曇郡《あずみぐん》仁科荘《しょう》を本拠として、勢力を保っていた豪族仁科氏が、要所要所に枝垂れ桜を植えたその一本であるということです。

近年、とみに樹勢が衰えてきたのが気になり、樹木医にたのんで往診してもらいました。丁寧な処方箋が出、それにしたがって造園業の方々が治療に当たってくれ、その治療の一つが根もとの土の入れかえでした。

造園業の方々の作業や語らいを通して、多くの学びがありました。

「微生物を土という都市に住む住民にたとえれば、土壌構造はさながら団地のアパートのようなものである」と、元静岡大の仁王以智夫《におういちお》教授は語っています。その微生物の住む都市であり団地である土も、人や車で踏み固めてしまうことで酸欠となり、団地は破壊され、微生物は住めなくなります。

微生物が活発に働いてくれて初めて、動物の遺体や落葉、落枝などを分解して栄養に転化してくれる。それを植物は根から吸収し、枝葉を繁らせ、花や果実をつけます。微生物と植物は互いにたすけあいながら、太古の昔より共存のハーモニーを奏でつづけてきました。

微生物の住めない土は死んだも同様で、そこにある根も栄養を吸収することができず、次第に衰え、やがて枯死してゆくのだといいます。

老桜の周囲二メートルほどを、深さ一メートルにわたって根を傷つけないように手掘りで死んだ土を取り除き、根の健康状態を点検し、山のもっとも自然の姿の、健康な土と入れかえました。この土の中には、有機物を分解するのが得意のコウジ菌とか、植物の病原菌を駆除する抗菌微生物など五種類の微生物と、その微生物の住み家として腐葉土、ぼや炭、魚粉、骨粉、卵殻などを混入してあるのだといいます。

この微生物は大地の中ばかりではなくて、われわれの体の中にも何キロと住んでいて、われわれの食べたものを分解してくれる。お蔭で栄養として吸収することができます。病気の治療などで抗生物質を投与しすぎると、この大切な働きをしてくれている微生物までも殺してしまうことになるから気をつけるように、というのです。

この話を聞きながら、かつて科学者から聞いた話を思い出しました。この地上に存在する生物を分類すると、微生物と、植物と、動物と人間とに分けることができます。それらを配役の上から眺めると、植物は生産者であり、動物と人間は消費者であり、微生物は、人間や動・植物が出したゴミを処理して、動・植物が繁茂し、また、棲息《せいそく》しやすいような大地にかえす清掃係だといいます。この四者をピラミッド型に配置すれば、底辺を微生物が受け持ち、その上に植物が繁茂し、その上に動物が、そして一番上に両方の命をいただいて人間がいるという構図になります。

それぞれがすこやかに自分の持ち場の勤めを果たし得て、初めて、四者の存在は可能となります。もし微生物がいなかったら、地上はたちまちゴミの山と化し、または大地の機能を失った沙漠と化し、植物・動物・人間の生命の存在は不可能となります。

さらには、この生態ピラミッドが地球上に安らかに生きつづけることができる地球環境を考えてみるに、まずは地球と太陽を結ぶ一億五千万キロという距離が保たれているということです。

少し太陽に近づけば気温は何千度となり、離れれば零下何百度となり、命は存在し得ません。一億五千万キロの距離を保ちつづけてくれている背景には、太陽系惑星相互の引力のバランスがあり、太陽系惑星相互の引力のバランスの背景には、宇宙空間に広がる他の銀河系惑星群との引力のバランスがあるといいます。

米沢英雄先生が「吹けば飛ぶようなちっちゃな命を、天地いっぱい、宇宙いっぱいが、総がかりで生かすことにかかりきってくれている。天地いっぱいと匹敵するほど価値あるこの命なんだ、ということに目ざめねばならない」と語っておられます。

この命の尊さに目ざめることにより、初めて自他の命を、その命をどう使うべきかも見えてくるというものでしょう。

宇宙と匹敵するほど
価値のあるこの命を、
どう生かすのか

それぞれがすこやかに自分の持ち場の勤めを果たして、
命はつづいていくのです。

生かされて、ご恩返しとして生かして生きる

イタリアのアッシジでの宗教者会議で、お話をしようと立ちあがった瞬間、時計を大理石の床の上に落としてしまい、あわてて拾いましたが、相手は大理石。長短二つの針が飛んでしまい、役に立たなくなりました。とりあえず随行の者の時計を借り、時計にたとえての話をしました。

私は、文字盤を長短二つの針がめぐっているという、昔ながらの時計を愛用しています。今、たまたま落として長短二つの針が飛んでしまいました。つまり長短二つの針をおさえているピンが飛んでしまったのです。

長短二つの針をおさえているピンが、たとえば百分の一センチだとします。

「私、そんな小さなお役はつまらないから」といってお役を放棄したら、時計全部が止まり、役に立たなくなる。百分の一センチのピンは、時計全部の生命を双肩に背負って、百分の一センチの配役を勤めているということになります。

視点を変えて、百分の一センチのピンがどんなにすこやかな状態で働こうとしても、時計を構成している全部の部品の中の、どれか一つが故障したら、働きたくても働けない。つまり百分の一センチのピンを働かせる背景に、時計を構成している部品の全部の、総力をあげての働きがあるということです。

これは何も時計の話ではありません。私を生かしてくれている背景に天地いっぱいの働きがあります。天地総力をあげてのお働きをいただいて、今ここの生命のいとなみがあるということに気づかせてもらうことができたら、ではその生命を、どう使ったらよいかの答えはおのずから出るというものでしょう。

時計を構成している部品のすべてが総力をあげて、百分の一センチのピンを動かしています。全体に「生かされて」の今の生命のいとなみならば、全体に向け、全体を背負って今ここの配役を勤める。

つまりご恩返しとして「生かして」という姿勢で、今ここの配役に全力を尽くして取り組んでゆきます。

お釈迦さまの教えを一言でいうと「縁起」ということになります。世間でいう「縁起がいい」とか「縁起が悪い」という話ではありません。すべてのことは縁によって生滅する。つまりこの世界の一切のことは、どんな小さなことも漏れることなくぶっつづきに、あいかかわりあって存在するんだよ、単独で存在するものはないんだよ、と説かれます。

ちょうど時計の長短の針をおさえる百分の一センチのピンを動かす背景に、時計を構成している部品の全部がかかわっているように。

この働きを仏教では「一切即一」という言葉であらわします。時計を構成している部品全部、これが「一切」です。それが総力をあげて百分の一センチの部品を動かしているのです。これを「即一」と表現します。その百分の一センチの部品、つまり「一」は、時計全体を、「一切」を一身に背負い、生かして、今ここの配役に徹します。これを「一即一切」という言葉であらわします。

一即一切、一切即一という言葉で縁起の働きをのべ、私はこれを「生かされて（ご恩返しとして）生かして生きる」といいかえることにしています。

今ここの配役に全力を尽くす

一つの小さな部品がなければ時計が動かないように、
すべてのものには大事な役割があります。
あなたの役目は何ですか？

おわりに

「択べ、択べ、択べ」　中国・南北朝・南嶽慧思《なんごくえし》禅師

これは南嶽慧思禅師の『立誓願文《りゅうせいがんもん》』の結びの一句です。人生は限りなく択んでゆかねばならない一面と、授かりとしていただいてゆく一面との両面があると思います。私の人生はまさに「授かり」から始まったといえるのではないかと思うのです。

私の実家は浄土宗でしたが、祖父は御嶽教《おんたけきょう》の大先達《せんだつ》であったようです。濃尾平《のうび》野からは木曽の御嶽山が非常に美しく見えることもあってか、御嶽山を崇拝する修験道の行者さんや講中の方がたくさんおられました。

祖父は御嶽山の御神体を迎えてお宮までつくり、実家の裏には講中の方が参詣し、巡礼できるような築山《つきやま》までできており、毎月一度講中の方が集まり、お講が修行されておりました。父は病気がちであったためか祖父の道は歩まず、書道と

漢籍の道をたのしんでおりました。父の四十五歳のとき、病気が少し快方に向かったおり、私をつくってくれたようです。久々に子宝が授かったと両親は喜んだのも束《つか》の間、すでに十五年も前に他界していた祖父が御嶽講のおり、お座にでられ、「このたび懐妊した子供は出家するであろう」と御託宣があったよし。さらに、生まれると同時にまたこの祖父がお座にでられ、「信州で出家するであろう」と、ほとんど一生の予言までされたといいます。伝え聞いた叔母の周山尼《しゅうざんに》（父の姉であり、信州・無量寺の住職）はおどりあがって喜び、五歳になるのを待って迎えにきたというのが事の次第。母は涙ながらに、叔母は嬉し気におりおり語ってくれました。

五歳で無量寺の門をくぐった私を周山尼はまっすぐ本堂へ連れてゆき、本尊さまの前へ坐らせてこう語りました。

「よぉく拝むんですよ。仏さまはいつでもあなたを見守っていてくださるんだよ。仏さまのことなど忘れて眠りこけているときも、遊びほうけているときも、仏さまなんかいるものかと反発しているときも、いついかなるときも見守りどおしに見守っていてくださるんだよ。

もう一つ。仏さまは両方の御手ともに親指と人さし指でマルをつくって（阿弥《あみ》陀如来《だにょらい》）おられるだろう。もしお前が誰も見ていないと思って悪いことをすると、あの手のマルが三角になるんだよ」

五歳の私はこれを本気に受け止め、いつでも〝仏さまは何とおっしゃるのかな〟という思いがはなれませんでした。十五歳で出家をして初めに出会うことができた沢木興道老師の口から「宗教とは生活の全分を仏さまにひっぱられてゆくということじゃ」の一句を聞き、五歳のときの「仏の手のマル」はこれであったなと気づかせていただいたことです。

十五歳の春、たった一度の人生を最高のものにかける喜びと理想にもえて出家得度し、修行道場に入り、さらに求めて十九歳の春、大学へ。そして大学に遊ぶこと十一年間。当時大学は共学になったばかりで、全校生徒の中で女性は尼僧も含めて十人前後。いわばまわり中がお婿《むこ》さん候補といってもよい只中での十年余り。仏道を歩むということと結婚と両立の道はないかと模索した時期もありました。そんなおり、沢木興道老師の「わしも力があったら結婚するわな」の一言に出会い、この深遠な道を窮《きわ》めるのに両立は無理と腹がきまりました。

大学に長くいたこともあり、大学や宗務庁や多くの誘いがありましたがすべて断り、迷わず尼僧の道場にもどって早くも五十年余。とかく楽なほうへと流れたい怠け者の私が、何とかここまで歩むことができたのは、ひとえにこの道の先達方の導きと、共に行ずる修行僧たちに支えられてこそと、ただ合掌あるのみです。

五歳で入門してより間もなく八十春秋。この間に限りない多くの仏道や人生の先達方、そして有縁の方々からの学びの中から、私の生涯の指針となった言葉や具体的な事柄を中心に、ここに一冊の本としてまとめさせていただきました。よき機会を与えていただいた出版社に感謝申し上げます。

青山俊董　合掌

青山俊董（あおやま・しゅんどう）

昭和八年、愛知県一宮市で生まれる。五歳のとき、長野県塩尻市の曹洞宗無量寺に入門。一五歳で得度し、愛知専門尼僧堂に入り修行。その後、駒澤大学仏教学部、同大学院、曹洞宗教化研修所を経て、三九年より愛知専門尼僧堂に勤務。五一年、堂長に。五九年より特別尼僧堂堂長および正法寺住職を兼ねる。現在、無量寺東堂も兼務。五四、六二年に東西霊性交流の日本代表として訪欧、修道院生活を体験。昭和四六、五七、平成二三年にインドを訪問。仏跡巡拝、並びにマザー・テレサの救済活動を体験。昭和五九、平成九、一七年に訪米。アメリカ各地を巡回布教する。参禅指導、講演、執筆に活躍するほか、茶道、華道の教授としても禅の普及に努めている。平成一六年三月、女性では二人目の仏教伝道功労賞を受賞。二一年、曹洞宗の僧階「大教師」に尼僧として初めて就任。曹洞宗師家会会長、明光寺（博多）僧堂師家。『あなたに贈ることばの花束』『花有情』『くれないに命輝く』『手放せば仏』（以上、春秋社）、『一度きりの人生だから』『従容録ものがたり』ⅠⅡⅢ『あなたなら、やれる』（以上、海竜社）、『新・美しき人に』（ぱんたか）など著書多数。『美しき人に』は英・独・仏など八ヵ国語に翻訳されている。

泥があるから、花は咲く
2016年12月10日　第1刷発行
2017年 1 月20日　第5刷発行

著　者　青山俊董
発行人　見城 徹
編集人　福島広司

GENTOSHA

発行所　株式会社 幻冬舎
〒151-0051　東京都渋谷区千駄ヶ谷4-9-7
電話　03(5411)6211(編集)
03(5411)6222(営業)
振替　00120-8-767643
印刷・製本所　中央精版印刷株式会社

検印廃止

Printed in Japan
ISBN978-4-344-03042-8　C0095
幻冬舎ホームページアドレス　http://www.gentosha.co.jp/

この本に関するご意見・ご感想をメールでお寄せいただく場合は、
comment@gentosha.co.jpまで。